W0088797

Monika Salchert

Schräge Typen
der Kölner Stadtgeschichte

Monika Salchert

Schräge Typen

der Kölner Stadtgeschichte

marzellen
verlag köln

4

Bibliografische Information der Deutschen Nationalbibliothek
Die Deutsche Nationalbibliothek verzeichnet diese Publikation
in der Deutschen Nationalbibliografie;
detaillierte bibliografische Daten sind im Internet
über http://dnb.ddb.de abrufbar.

© 2018 Marzellen Verlag GmbH, Köln
Umschlaggestaltung: Förster Medienservice, Bergisch Gladbach
Satz/Layout: Marzellen Verlag GmbH, Heike Reinarz, Köln
Lektorat: Detlef Reich, Köln
Druck: Theiss Druck GmbH, Österreich
Alle Rechte vorbehalten.
Printed in Austria.
ISBN 978-3-937795-55-3

www.marzellen-verlag.de

Monika Salchert – geboren 1956 in Köln – studierte Geschichte, Bibliothekswissenschaften und Pädagogik.

Sie arbeitet als freie Journalistin in Köln für verschiedene Tages- und Wochenzeitungen sowie Magazine und außerdem als Autorin und Moderatorin für den WDR Hörfunk und das WDR Fernsehen.

Seit einigen Jahren ist sie überdies als Dozentin für die Bundesakademie für öffentliche Verwaltung tätig und schult Mitarbeiter verschiedener Bundesministerien, Institute und des Bundestages zum Thema „Verständlich schreiben", „Schreiben fürs Internet" und „Texten in leichter Sprache". Sie ist Autorin mehrerer Bücher.

6

Inhaltsverzeichnis

- Julia
Agrippina -

Egal, wer unter ihr Kaiser war

Agrippina war im ersten Jahrhundert nach Christus ein Star im Römischen Kaiserreich. Sie war „Superwoman" und zeitweise die mächtigste Frau im Reich. Wäre sie keine Frau und als solche von politischen Ämtern offiziell ausgeschlossen gewesen, der Kaiserthron wäre ihr nicht zu nehmen gewesen. Sie hat es auch so weit gebracht, mächtige Männer pflasterten ihren Weg nach oben. Agrippina war Ur-Enkelin (Augustus), Enkelin (Tiberius), Schwester (Caligula), Nichte, Gattin, Mitregentin (alles bezogen auf Claudius) und Mutter (Nero) eines Kaisers. Fast wäre noch Tochter eines Kaisers dazugekommen. Doch ihr Vater Germanicus, der als Nachfolger von Tiberius vorgesehen war, starb noch vor diesem. Ihr Sohn Nero ließ sie im Jahr 59 ermorden, sie wurde keine 45 Jahre alt.

Neun Jahre vor ihrem Tod gelang ihr ein Coup, der sie zumindest im Rheinland unsterblich machte. Sie brachte 50 n. Chr. ihren Mann, Kaiser Claudius, dazu, eine Siedlung am Rhein in Germanien, das Oppidum Ubiorum, in den Rang einer römischen Veteranenkolonie zu erheben. Die Siedlung war fortan eine Stadt römischen Rechts, die Bewohner römische Bürger. Der Name der neuen Stadt: „Colonia Claudia Ara Agrippinensium". Woher kam Agrippinas Begeisterung für diesen weit von Rom, dem Epizentrum der Macht, entfernten Ort? Im Oppidum Ubiorum war sie 15 n. Chr. geboren worden. Ihr Vater Germanicus war zu dieser Zeit Oberbefehlshaber von acht Legionen in Ober- und Untergermanien und Statthalter in den römischen Provinzen. Auf dem Militärstützpunkt am Rhein lebten auch seine Frau Vipsania Agrippina (die Ältere) und die Kinder. Julia Agrippina war das fünfte von insgesamt acht Kindern des Paares. Die Stadtgründung entsprang wohl keiner romantischen oder rührseligen Anwandlung der Frau an des Kaisers Seite. Zumal sie nur als Baby wenige Monate in der Siedlung gelebt hatte und auch nie wieder dorthin zurückkehrte. Die Aktion war – wie nahezu alles im Leben Agrippinas – politisch motiviert. Um das Jahr 50 herum stand sie im Zenit ihrer Macht, da wollte sie in ihrer Vita wohl kein unbedeutendes Ubier-Kaff als Geburtsort stehen haben. Den Kölnern sind die Umstände ihres Aufstieges in die erste Liga egal. Sie halten das Andenken an ihre Stadtgründerin bis zum heutigen Tag in Ehren. Als „Mutter Colonia" ist Agrippina prominent vertreten. Und als Jungfrau im Kölner Dreigestirn sowieso. Den Job übernimmt traditionell ein Mann. Betrachtet man Agrippinas Werdegang und Auftreten, erscheint dies gar nicht mal so schräg. Römischen Geschichtsschreibern und etlichen Zeitgenossen war die Frau äußerst suspekt, weil sie wie ein Mann auftrat und Sachen beanspruchte, die eigentlich Männern vorbehalten waren. Rollentausch vor über 2000 Jahren.

Der Weg an die Spitze des Staates verlief für Agrippina nicht geradlinig. Im Gegenteil. Es war eher eine Fahrt mit der Achterbahn, ein paar Mal steuerte das Gefährt gefährlich auf den Abgrund zu. Zunächst begann alles ganz klassisch für die Tochter des Germanicus. Mit zwölf Jahren wurde sie verheiratet. Mit einem 15 Jahre älteren Mann, der zwar aus einer wohlhabenden und einflussreichen Familie stammte, aber wohl ein Widerling war. Chronisten schilderten ihn als brutal und hinterhältig, als Verbrecher, der mehrmals wegen sexueller Delikte und Betrügereien vor Gericht gestellt wurde. Aus der Verbindung stammt Agrippinas einziges Kind. Der Sohn hieß Lucius Domitius Ahenobarbus. Darunter kennt ihn kein Mensch, unter seinem späteren Namen Nero die ganze Welt. Im Jahr seiner Geburt fiel zum ersten Mal ganz viel herrschaftlicher Glanz auf Agrippina. Nicht wegen des Jungen. Ihr Bruder Caligula wurde Kaiser. Er ließ seinen drei Schwestern Agrippina, Drusilla und Livilla ungewöhnlich viele Privilegien und Ehrungen zukommen. Die Verträge und Urkunden enthielten neben dem Namen Caligulas auch die seiner Schwestern. Er ließ Münzen prägen, auf denen alle vier abgebildet waren. Die drei Damen tauchten dabei in der Gestalt von Göttinnen auf. Außerdem verlieh ihnen Caligula die Rechte der vestalischen

Jungfrauen. Dass alle Schwestern verheiratet waren, tat dabei nichts zur Sache. Ganz Rom staunte. Eine derart exponierte Stellung hatte noch keine Frau erlangt. Und nun gleich drei. Der Höhenflug der Schwestern währte nur wenige Monate. Der Bruder-Kaiser erkrankte an einer Hirnhautentzündung, die ihn unberechenbar machte. Agrippina und Livilla – Drusilla war tot – schlossen sich einer Verschwörung mit dem Ziel der Ermordung des Bruders an. Das Komplott scheiterte, Agrippina wurde auf die Insel Pontia verbannt, ihr Vermögen eingezogen, Nero kam zum Vater, später zur Tante.

So wurde Agrippina auf ihrem Durchmarsch zur Macht zunächst ausgebremst. Aber in jenen Zeiten wurde viel gestorben. Unnatürliche Todesfälle waren häufig. Giftmischer scheint damals ein einträglicher Beruf gewesen zu sein. 41 n. Chr. wurde der wahnsinnig gewordene Caligula gemeuchelt und durch seinen Onkel Claudius ersetzt. Den hatte zunächst niemand auf der Rechnung gehabt. Er galt als Kind als etwas zurückgeblieben, er stotterte und zog einen Fuß nach. Statt für Politik interessierte er sich für intellektuelle Dinge, schrieb unter anderem historische Werke. Claudius wurde Kaiser, weil schlicht kein anderer zur Verfügung stand, der aus dem richtigen Stall kam. Es waren womöglich zu viele vergiftet worden. Aber der neue Herrscher war zumindest ein Großneffe des Augustus.

Agrippina kehrte aus der Verbannung zurück und witterte Morgenluft. Claudius war ihr Onkel. Ehe sie sich in seiner Nähe in Stellung bringen konnte, musste sie ein kleines familiäres Problem lösen. Weil ihr fieser, aber doch einflussreicher Ehemann gestorben war, brauchte sie Ersatz. Eine alleinstehende Frau war in Rom nahezu rechtlos. Sie wählte den 21 Jahre älteren Crispus Passienus. Der Konsul starb bereits nach drei Jahren. Die zweifache Witwe wollte es nun wissen. Mit der nächsten Ehe sollte der ganz große Sprung gelingen. Warum sich länger mit Senatoren und Konsuln aufhalten, wenn der Kaiser selber so nah war. Allerdings gab es mehrere hohe Hürden zu überwinden. Claudius war verheiratet mit Messalina. Sie war seine dritte Ehefrau und hatte einen höchst zweifelhaften Ruf. Sie galt als habgierig, neidisch und soll Nymphomanin gewesen sein. Über die „Käälsjeckheit" sah Claudius lange hinweg, aber als die Gattin aus heiterem Himmel einen Nebenmann heiratete, war Schluss mit lustig. Messalina wurde nicht vergiftet, sondern zum Selbstmord gezwungen. Ein Problem Agrippinas war gelöst. Blieb noch das Gelöbnis des Claudius vor den Prätorianern. Weil alle bisherigen Ehen schlecht ausgegangen waren, wollte er nicht mehr heiraten. Sollte er es doch tun, könnten sie ihn getrost umbringen. Da hoffte Agrippina auf das schlechte Gedächtnis aller Beteiligten. Aber das letzte Hindernis zum Eheglück schien unüberwindbar. Wunsch-Ehemann Nummer drei war verwandt mit ihr. Eine Ehe zwischen so nahen Verwandten war in Rom nicht erlaubt. Sie galt als inzestuöse Beziehung, als Blutschande. Mit List und Tücke brachte Agrippina ein paar Verbündete dazu, im Senat für sie und ihre Sache einzutreten. Sie überzeugten den Senat davon, dass eine Ehe zwischen Onkel und Nichte nicht verwerflich, nur für die Römer ungewohnt sei. Bei anderen Völkern wäre so etwas kein Problem. Das Ehegesetz wurde entsprechend geändert. Im Jahr 49 waren alle Probleme ausgeräumt und die 34 Jahre alte Agrippina heiratete den 58 Jahre alten Claudius.

Die Frischvermählte handelte rasch. Sie verstand es, Claudius zu lenken und zu beeinflussen. Sie trat wie selbstverständlich neben ihn in die erste Reihe. Sie saß bei offiziellen Anlässen auf einem Thron, hatte einen eigenen Hof, ein Staatsschiff und eine Ehrengarde von Prätorianern. Der Kaiser verlieh ihr den Ehrentitel „Augusta". Agrippina wurde zu seiner Mitregentin, die eigene Staatsempfänge gab. Münzen zeigten den Kaiser auf der Vorderseite, seine Frau auf der Rückseite. Es gab welche, die beide Wange an Wange auf der Vorderseite zeigten, und sogar einige, auf denen nur Agrippina zu sehen war. Eine derartige Machtfülle hatte vor ihr noch keine Frau im römischen Reich inne. Doch es sollte noch doller kommen. Es gelang ihr, Claudius dazu zu bringen, ihren Sohn Lucius Domitius Ahenobarbus zu adoptieren. Dessen Name wurde im Zuge der Adoption in Nero geändert. Zielstrebig arbeitete Agrippina nun daran, Nero als Nachfolger des Kaisers in Stellung zu bringen. Pikanterweise hatte Claudius mit Britannicus einen leiblichen Sohn, der ihm eigentlich folgen sollte. Aber nach der Adoption schob sich Nero als der Ältere leicht nach vorne. Um seine Position zu festigen, fädelte seine Mutter eine kluge Vermählung ein. Nero heiratete Octavia, die Tochter von Claudius. Die war zwar nach der Adoption seine Schwester, solch eine Ehe war selbst nach der Änderung des Ehegesetzes nicht gestattet.

Was tun? Octavia wurde ebenfalls von jemandem adoptiert und war nun keine Schwester Neros mehr.

Das Gebot der Stunde hieß nun: mächtig, mächtiger, Agrippina. Claudius war Wachs in ihren Händen, bei Nero als Kaiser würde es ähnlich sein. Die Frau aus dem Oppidum Ubiorum war auf dem Gipfel angekommen. Doch plötzlich drohte ihr mühsam zusammengezimmertes Imperium zu zerbrechen. Claudius muckte auf. Dachte laut über Scheidung und Wiedereinsetzung von Britannicus als Nachfolger nach. Zu laut. Angeblich soll Agrippina die Giftmischerin Locustra eingeschaltet haben, die ihre Kunst an einem Pilzgericht für Claudius ausprobierte. Weil er das Essen nicht bei sich behalten hat, soll als nächstes sein Leibarzt mit einer vergifteten Pfauenfeder im Hals des Kaisers gewerkelt haben. Das war zu viel des Giftes, Claudius starb im Jahr 54 n. Chr. Nero folgte ihm nach. Da der Sohn erst 17 Jahre alt und noch nicht geschäftsfähig war, regelte Agrippina die Staatsangelegenheiten.

Nero war ihr völlig ergeben, nannte sie „Optima Mater", was so viel wie „beste Mutter" heißt. Doch der Junge wurde älter und eigenständiger. Aus der „besten Mutter" wurde die „lästige Einmisch-Mutter". Nero entzog Agrippina nach und nach die Macht und verbannte sie in einen Palast außerhalb Roms. Der neue Kaiser muss sie wohl als latente Bedrohung empfunden haben. Es half nur eine radikale Lösung, also Mord. Gift schied diesmal aus, da war Agrippina auf der Hut. Es soll mehrere Anschläge auf sie gegeben haben, sogar ein inszeniertes Schiffsunglück. Das überlebte sie und rettete sich schwimmend ans Ufer. Nero wollte nun auf Nummer sicher gehen und schickte einen Trupp Soldaten in ihren Palast. Die Frau, die mehrere Kaiser hinter sich gelassen hatte, starb durch die Schwerthiebe der Mörder, die der Kaiser gesandt hatte, den sie selber geboren hatte.

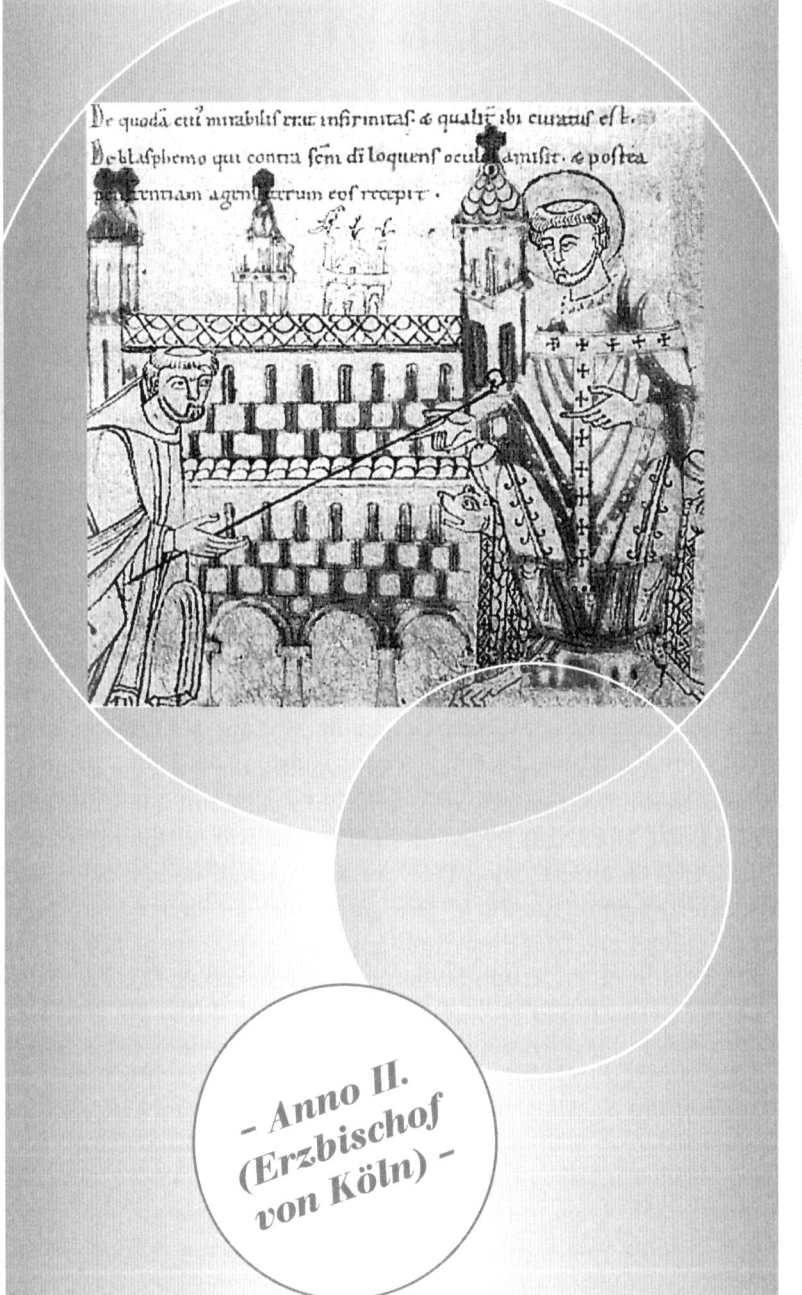

De quodā cūī mīrabilīſ erat īnfīrmītaſ· & qualīt̄ ibi curatuſ eſt·
De blaſphemo qui contra ſēm dī loquenſ oculū āmīſīt· & poſtea
penitentiam agenſ iterum eoſ recepit·

– Anno II.
(Erzbischof
von Köln) –

Kirchenfürst als Freibeuter

*Anno II. (Erzbischof von Köln) –
um 1010 auf der Schwäbischen Alb
bis 4. Dezember 1075 in Köln*

Kindesentführer, Erzbischof und Heiliger der Römisch-Katholischen Kirche? Wo gibt's denn so etwas? In Köln. Der Mann, auf den das alles zutraf, war Anno II., von 1056 bis 1075 Erzbischof von Köln. Er zählte zu den einflussreichsten und politisch bedeutendsten Kölner Erzbischöfen im Mittelalter. Zugleich war er einer der schillerndsten und unbeliebtesten Typen auf dem Kölner Bischofsstuhl.

Die Kölner hatten es nicht leicht mit Anno, er umgekehrt mit den Kölnern auch nicht. Für Problem Nummer eins konnte er nichts. Er stammte aus einer schwäbischen Familie, war also kein Kölner, noch nicht einmal ein Rheinländer. So etwas wurde in der Domstadt noch nie gern gesehen. Dazu kam sein Charakter. Der Mann benahm sich fast wie ein verzogenes Kind. Was er sah, wollte er haben. „Nicht mit uns", dachten sich die Kölner. Das musste unweigerlich im Krach enden. Doch ganz so simpel war es dann doch nicht.

Anno II. hielt als Erzbischof von Köln zugleich die weltliche Herrschaft in seinen Händen. Er hatte das Sagen in der Stadt. Als Stadt- und Kirchenoberhaupt fällt seine Bilanz durchwachsen aus. Er stockte die Besitztümer der Kölner Diözese beträchtlich auf. Er gründete mit St. Mariengraden und der Pfarrkirche St. Georg am Waidmarkt zwei stadtkölnische Stiftskirchen. Der Bischof galt aber auch als überaus machthungriger und skrupelloser Despot, dem das Wohl der Menschen um ihn herum nicht besonders am Herzen lag. Wozu er fähig war, erfuhr die Welt sechs Jahre nach seinem Amtsantritt.

Zu dieser Zeit herrschten im deutschen Reich instabile Zustände. Kaiser Heinrich III. war 1056 gestorben, die Regentschaft für seinen noch unmündigen Sohn Heinrich IV. übte dessen Mutter Kaiserin Agnes aus. Ihr Rückhalt bei etlichen Fürsten im Land war gering bis nicht vorhanden. Der Anführer der Kritiker, besser gesagt der Umstürzler, war Anno II. Im Frühjahr 1062 setzte er zum Staatsstreich von Kaiserswerth an. Heinrich IV. und die Kaiserwitwe Agnes hielten sich in der Pfalz Kaiserswerth auf. Nach dem Festmahl lockte Anno den elf Jahre alten Jungen auf ein Schiff am Rheinufer. Angeblich wollte er Heinrich IV. das Schiff nur zeigen. Kaum hatte der Knabe festen Boden verlassen, legten sich die Ruderer ins Zeug und stießen sich vom Ufer ab. Heinrich witterte die Falle und sprang über Bord. Einer der Aufrührer, Graf Ekbert von Braunschweig, wollte die wertvolle Beute nicht dem Rhein überlassen, sprang hinterher und rettete dem Kaisersohn das Leben, aber nicht die Freiheit. Anno nahm das Kind als Geisel.

Der Junge kam erst frei, nachdem Kaiserin Agnes dem Entführer und Erpresser Anno II. die Reichsinsignien ausgehändigt hatte. Unter dem Motto „tausche Kind gegen Macht" hatte der Kölner Erzbischof die Regentschaft im Reich gewaltsam an sich gerissen. Seine Bedeutung in der Reichspolitik schwand ein paar Jahre später wieder. Heinrich IV. wurde 1065 volljährig und vertraute als Kaiser eher Erzbischof Adalbert von Hamburg-Bremen als dem Kölner. Das dramatische und wenig angenehme Rhein-Spektakel wird er nicht vergessen haben.

Annos Auftreten als eine Art rheinischer Freibeuter fiel in eine Phase, in der er und ein paar andere deutsche Bischöfe es sich mit Papst Nikolaus II. verscherzt hatten. Was genau passiert war, lässt sich nicht mehr exakt nachvollziehen. Aber nach dem Tod von Nikolaus II. 1061 durften Anno und Co. nicht an der Wahl des neuen Papstes Alexander II. mitwirken. Eine Gruppe geistlicher und weltlicher Fürsten rief daraufhin einen Gegenpapst aus. Um eine Kirchenspaltung zu verhindern, sorgte Anno II. bei zwei Synoden in Augsburg und Mantua dafür, dass Alexander II. anerkannt wurde.

Wie wenig der Erzbischof von den Kölnern und ihrem Selbstverständnis als Bürger dieser Stadt begriffen hatte, zeigte sich im Jahr

1074. Anno II. hatte das Osterfest mit Friedrich I., dem Bischof von Münster, gefeiert. Als der Amtsbruder nach Hause wollte, ließ Anno kurzerhand im Hafen das Handelsschiff eines wohlhabenden Kaufmanns beschlagnahmen. Einfach so. Was ihn auf diesen absurden Gedanken gebracht hatte, lässt sich nicht mehr ergründen. Irgendwie hatte Friedrich I. den Hinweg nach Köln ja auch bewältigt, ohne ein fremdes Schiff zu entern. Der Schiffseigner im Hafen protestierte heftig gegen den Willkürakt und verjagte, unterstützt durch seinen Sohn, die Bediensteten des Erzbischofs, die dabei waren, den Kahn leer zu räumen.

Damit nicht genug. Anno hatte die Rechnung ohne die Kölner Bürger gemacht. Für sie war der Schiffsklau nur der Anfang. Sie sahen ihre Freiheit bedroht. Es kam zur Revolte. Dabei stützten sich die Aufständischen auf ein altes Privileg der Seekaufleute. Bereits Kaiser Ludwig der Fromme hatte zugesichert, dass Schiffe für den Fernhandel nicht für den Bedarf der Herrschenden weggenommen werden dürften. Das Schiff, das der Erzbischof ausräumen lassen wollte, war eindeutig für den Fernhandel vorbereitet worden. Durch den Handstreich Annos II., der ja gern mal krumme Sachen auf und um Schiffe herum machte, sah die Bürgerschaft ihre Freiheiten generell massiv bedroht.

Als wäre ein Funken in ein Pulverfass oder in ein Bündel trockenes Stroh gefallen, knallte es zunächst am Hafen, dann breitete sich der Aufruhr in der Stadt aus. Rasch war das Ziel klar. Auf zur Residenz des Erzbischofs. Der Mann musste weg. Die Gemäßigten dachten wohl daran, ihn nur aus der Stadt zu jagen. Die größten Hitzköpfe waren in Lynchstimmung und trachteten Anno II. nach dem Leben. Die Situation eskalierte derart, dass sich der Erzbischof im Dom (das war noch nicht die heutige gotische Kathedrale, sondern der Vorgängerbau, der Hildebold-Dom) verschanzte und buchstäblich in letzter Minute durch eine Lücke in der Stadtmauer entkam und nach Neuss fliehen konnte. Der Durchlass erhielt später die Bezeichnung „Annoloch". Nachdem sich der Erzbischof von seinem ersten Schrecken erholt hatte, scharte er eine ansehnliche Gruppe Bewaffneter um sich, kehrte nach vier Tagen zurück und stellte die alte Ordnung wieder her.

An die 600 Kaufleute sollen zu dem Zeitpunkt die Stadt bereits verlassen haben. Die Rädelsführer des Aufstandes ließ Anno hart bestrafen, der Sohn des Schiffseigners verlor sein Augenlicht. Wer keine Buße tat, den traf der Kirchenbann. Anno II. starb ein Jahr nach der Niederwerfung der Rebellion am 4. Dezember 1075. Er wurde auf seinen Wunsch hin im Benediktinerkloster auf dem Michelsberg in Siegburg bestattet. Seine sterblichen Überreste ruhen im Annoschrein. Der Schrein soll aus der Goldschmiedewerkstatt von Nikolaus von Verdun stammen, der auch den Dreikönigenschrein im Kölner Dom gefertigt hat.

1183 wurde der ehemalige Erzbischof von Köln heilig gesprochen. Er soll als Patron gegen die Gicht helfen. Er muss nicht nur Feinde gehabt haben. Im „Annolied" wird er sehr gepriesen. Es gab Zeitgenossen, die bezeichneten ihn als „Blüte und Licht Deutschlands" und als „Edelstein". Einzelheiten zum Aufstand der Kölner Bürger gegen Anno gibt es auch zum Nachhören. Die kölsche Band „Bläck Fööss" veröffentlichte 1979 das Lied „Feschers Köbes". Zum Ansehen gibt es den früheren Erzbischof als Skulptur auf der Südseite des Kölner Rathausturmes.

- Chargesheimer -
(Carl Heinz
Hargesheimer)

Der Fotograf,
der „schöne" Fotos hasste

Chargesheimer wurde nur 47 Jahre alt. Sein Todestag lässt sich nicht exakt festlegen. Er starb zum Jahreswechsel 1971/1972 allein in seiner Dachgeschosswohnung in der Kölner Innenstadt. Auch die Umstände seines Todes sind nicht restlos geklärt. Womöglich war es Selbstmord. Unsterblich wurde der Fotograf Chargesheimer durch seine Werke. Wer war der Mann hinter der Kamera? „Mit Künstlernamen nenne ich mich ‚Chargesheimer', da der Name Hargesheimer sprachlich nicht günstig liegt." Außerdem wollte sich der Fotograf Carl Heinz Hargesheimer (in einigen Publikationen taucht der Vorname auch in der Schreibweise Karl Heinz auf) mit dem Künstlernamen von seinem Vater Heinrich Hargesheimer abgrenzen. Der war von Beruf Steuer-Finanzbeamter. Während der Zeit des Nationalsozialismus war er ein engagiertes Mitglied der NSDAP. Das muss dem Sohn gehörig gegen den Strich gegangen sein. Gelegentlich behauptete er sogar, er sei kein leiblicher Sohn des politisch reaktionären Vaters. So tauchte Karl Heinz ab 1948 als Chargesheimer unter.

Enge Freunde nannten den Fotografen ohnehin „Chargi" oder „Charly". Freunde wie die Schwestern Agi und Trude Herr. Mit Agi war er eine Weile liiert. Über sie lernte er deren Schwester Trude kennen. Er war mit der Kamera dabei, als sie ihre ersten Schritte als Theater-Schauspielerin machte. Sie trat in der „Kölner Lustspielbühne", die sie gemeinsam mit ihrem Freund Gustav Schellhardt gegründet hatte, und im Millowitsch-Theater auf. Viele ihrer Theateraufnahmen und Fotos für Autogrammkarten stammten von Chargesheimer. Auch als sie ab 1954 als Büttenrednerin und Sängerin im

Kölner Karneval brillierte, war „Chargi" mit von der Partie. Nicht nur
als Fotograf. Er kutschierte Trude Herr während der Session von Saal
zu Saal. Nicht regelmäßig, aber er sprang als Fahrer ein, wenn
Schwester Agi verhindert war. Sie war die etatmäßige Karnevals-
Chauffeurin für Trude. Diese hatte selber gar keinen Führerschein.
Dabei saß sie gleichsam an der Quelle. Agi war eine der ersten Fahr-
lehrerinnen in Deutschland und besaß eine eigene Fahrschule.

Chargesheimer begann seine Ausbildung während des Zweiten
Weltkrieges. Wegen einer Lungenerkrankung war er nicht zur Wehr-
macht eingezogen worden. Er studierte zunächst an den Kölner
Werkschulen Grafik und Fotografie, wechselte dann an die Bayerische
Staatslehranstalt für Lichtbildwesen. Ab 1947 arbeitete der Kölner
als freiberuflicher Fotograf für die Bühnen in Hamburg, Hannover,
Köln und Essen. 1949 sollte er eine Dozentenstelle für Foto-Grafik an
der Folkwang-Schule bekommen. Dazu kam es nicht, weil die Schule
das Geld für sein Honorar nicht auftreiben konnte. Wenig später
klappte es mit der Lehrtätigkeit. Er wurde Dozent an der Bild- und
Klang Fotoschule (BIKLA) in Düsseldorf. Chargesheimer schuf für die
Bühnen in Köln und Essen auch Bühnenbilder. Er interessierte sich
für Kostümentwürfe und Malerei, stellte Draht-Skulpturen her,
experimentierte mit Fotomontagen und sogenannten „Lichtgrafiken",
bei denen er direkt am Negativ oder auf dem Fotopapier arbeitete.

Der Kölner galt als einer der bedeutendsten Fotografen der Nach-
kriegszeit. Bundesweit bekannt wurde er durch ein Porträt von Konrad
Adenauer. Kurz vor der Bundestagswahl 1957 bestellte Spiegel-
Herausgeber Rudolf Augstein bei Chargesheimer ein Adenauer-
Porträt für die Titelseite. Das Foto war großartig, es zeigte den damals
81 Jahre alten Politiker sehr lebensnah. Genau das brachte die CDU
auf die Palme. Sie sahen in dem Foto, das wenige Tage vor der Wahl
auf dem Spiegel-Cover erschien, einen unzulässigen Eingriff in den
Wahlkampf. Adenauer wirkte ihrer Meinung nach wie ein steinalter
Greis mit einem von Falten durchfurchten Gesicht. Genau diesen in
Stein gemeißelten Charakterkopf hatte Augstein im Sinn gehabt.
Erneuerung und Dynamik, so seine Idee, sähen anders aus. Die Rech-
nung ging nicht auf. Die CDU/CSU erzielte bei der Wahl die absolute
Mehrheit. Adenauer wurde zum Bundeskanzler gewählt. Wie bereits

1949, 1953 und noch einmal 1961. Er war 14 Jahre im Amt, ehe er am 15. Oktober 1993 zurücktrat. Das Chargesheimer-Porträt ist eine der eindrucksvollsten Abbildungen des Staatsmannes.

Zeitgenossen bezeichneten den Fotografen als jemanden, der mit den Augen eines Theatermenschen durch die Welt ging. Das zeigt sich in seinen Fotobüchern, die zwischen 1957 und 1970 erschienen. Seine bekanntesten sind „Cologne intime", „Im Ruhrgebiet", „Unter Krahnenbäumen", „Menschen am Rhein", „Theater-Theater" und seine letzte Publikation „Köln 5 Uhr 30". Sie gelten heute als Meilensteine der Fotogeschichte. Einige enthielten Vorworte bedeutender Autoren wie Heinrich Böll und Martin Walser. Als die Bücher erschienen, waren sie und ihr Schöpfer nicht unumstritten. Seine Fotos wurden oft – einige Zeitgenossen sagen immer – anders als der Auftraggeber sich das vorgestellt hatte. Als 1958 der großformatige Bildband „Im Ruhrgebiet" erschien, löste das einen regelrechten Skandal aus. Chargesheimer zeigte das Ruhrgebiet und die Menschen, die dort lebten und arbeiteten, ungeschönt. Ein halbes Jahr war der Fotograf durch die Region gestreift, hatte Städte, Landschaften, Fabriken und Wohnviertel besucht und Menschen aufgespürt. Annähernd 1500 Aufnahmen waren entstanden, knapp 160 landeten im Buch. Heinrich Böll hatte den einleitenden Text geschrieben. Weder das eine noch das andere gefiel den Menschen im Revier. Der Essener Oberbürgermeister Wilhelm Nieswandt beklagte sich in einem offenen Brief: „Die Ruhrgebietsstädte sind es gründlich leid, von Außenseitern in einer Weise dargestellt zu werden, die nicht einmal mit der Realität der Gründerjahre übereinstimmt, geschweige denn mit der Gegenwart."

Chargesheimer war nicht auf der Suche nach dem „schönen" Foto. Er inszenierte die Aufnahmen nicht, er fing Situationen ein, zeigte Menschen in ihren jeweiligen Rollen und Interaktionen. Fotobände wie „Unter Krahnenbäumen" sind Dokumente zur Stadthistorie und zur Sozialgeschichte. Der Fotograf ist mittendrin, bleibt aber dennoch auf Distanz. Er kommt den Menschen, die ihn in ihr Leben lassen, ganz nah, aber er dringt nicht in ihre Welt ein. Niemand wurde entlarvt, bloßgestellt oder denunziert. 1960 erschien ein Jubiläumsband zum 100. Geburtstag des Kölner Zoos mit Fotografien von Chargesheimer.

Auftraggeber des Buches „Der Zoologische Garten" war die „Aktiengesellschaft Zoologischer Garten". Herausgekommen ist ein typischer
Chargesheimer. Putzige Tierbabys, drollige Füttungsszenen und
prächtige Aufnahmen von Mensch und Tier sucht man vergebens.
Das Buch zeigt auf gegenüberliegenden Doppelseiten, wie kurz die
Distanz zwischen Beobachtern und Beobachteten ist. Der Fotograf
lässt offen, wer wen begafft. Er präsentiert Pinguine, die in Reih und
Glied stehen. Ihnen stehen Besucher gegenüber, die sich ebenso
aufgestellt haben. Das Hinterteil eines Elefanten korrespondiert mit
der Kehrseite eines Besuchers, der sich auf ein Mäuerchen gestellt
hat, um in eine besonders günstige Fotoposition zu kommen. Es gibt
Aufnahmen, die Besucher vor Gitterstäben zeigen. Es scheint so, als
habe eins der Tiere auf den Auslöser gedrückt. Das Buch ist grandios,
aber ob sich die Zooleute einen solchen Jubiläumsband gewünscht
haben, erscheint zumindest fraglich.

Ein Freund bezeichnete Chargesheimer einmal als „unbequemen
kölschen Clown", der sich der allgemeinen Kommerzialisierung
widersetzte. Dessen Kamera man „nicht die Klubmanieren deutscher
Lichtbildner beibringen" kann. Leicht scheint er es den Menschen in
seiner Umgebung nicht gemacht zu haben. Er soll 90 Prozent seiner
Auftraggeber für Spinner gehalten haben. Männer in Chefetagen
hielt er für extrem dumm: „Die sind bekloppt, ganz einfach bekloppt."
Der Satz „das geht nicht" scheint im Sprachschatz von Chargesheimer
nicht existiert zu haben. Wenn er sich ein Motiv, eine Perspektive,
eine Umgebung in den Kopf gesetzt hatte, riskierte er mitunter Kopf
und Kragen, um seine Ideen umzusetzen. Er kletterte auf handbreite
Mauervorspünge, auf dünne Glasdächer oder hohe Bäume. Es konnte
passieren, dass er in einer Kirche alle Bänke abschraubte und diese
hinter die Pfeiler schleppte, um den Innenraum, die Krypta und das
Kirchenschiff so frei und klar wie möglich zu fotografieren.

Im Zentrum seiner Arbeiten stand der Mensch. Als Fotograf richtete
er seine Objektive auch auf Prominente. Wir erkennen Gustav
Gründgens, Ella Fitzgerald, Josephine Baker, Louis Armstrong, Romy
Schneider, Willy Brandt, August Sander oder Jean-Paul Belmondo,
aber die Aufnahmen erzählen mehr als die Geschichte des Schau-
spielers, der Sängerin, des Politikers und des Fotografen. Charges-

heimer zeigt sie verzückt, angespannt, ernst, entrückt oder schräg, setzt sie aber nicht in Pose. Neben der reinen Kunst in Fotobüchern und Ausstellungen zum Beispiel im Rahmen der „photokina", arbeitete er auch in weniger spektakulären „Butter-und-Brot"-Berufen.

Er war Redakteur der Zeitschrift „photo + film reporter", fotografierte für die in Düsseldorf erscheinende „Neue Post" und Magazine. Selbst Freunden und Kollegen fiel es nicht leicht, den Menschen Chargesheimer mit wenigen Sätzen zu charakterisieren. Sein ehemaliger Schüler Wolfgang Kristen schrieb 1972: „Alles Spießige, Bürgerliche, Stinknormale und Dummheit waren ihm ein Gräuel. Sie verachtete er, darüber konnte er seinen Spott ausschütten. Und ironisch, bissig, sarkastisch, das konnte er sein." Georg Ramseger, einst Feuilletonchef der „Welt" und einer seiner Wegbegleiter, bezeichnete Chargesheimer als „einen, der nach den Sternen griff". In seinem Nachruf auf den Freund schrieb er unter anderem: „Chargesheimer war ein Unersättlicher, dem nichts genügte, der sich verzehrte, ein Unglücklicher mit einem ganz verrückten Leben, der so gern glücklich war und für Augenblicke auch herrlich rheinisch närrisch sein konnte." Er war unangepasst in einer Zeit der Anpassung. „Er war ein Kneipengänger, Kettenraucher, Autofahrer, ein Fanatiker bei der Arbeit, trug einen dicken Schnauzbart und einen Hut mit breitester Krempe."

Chargesheimer soll ein wunderbares, köstliches Kölsch gesprochen und Partys und vornehmes Getue gehasst haben. Er sammelte Jazz-Schallplatten und galt als frivoler Snob. „Er machte es seinen Mitmenschen so schwer wie möglich." Als Beweis mag ein Brief aus dem Jahr 1967 an den Friedrich-Verlag gelten. Es ging um den Umschlag zu seinem Buch „Theater-Theater". Chargesheimer muss stinksauer gewesen sein. Das kurze Schreiben enthält sieben Mal das Wort „verdammt". Er bemängelt zum Beispiel die „verdammte Umschlagmontage" einer Klischeefabrik und wählt äußerst scharfe Worte. „Ich hab nun mal was dagegen, wenn man meine Fotos so behandelt wie es die Deutschen im Krieg mit den Polen gemacht haben." Die „verdammte Titelei" gefällt ihm offenbar auch nicht. Der Idee des Verlages, das Buch „Theater-Theater" zu nennen, kann er nichts abgewinnen. „Der eine ist allergisch gegen Erdbeeren, der andere hat nicht gerne Katzenhaare und so finde ich nicht viel Spaß an ‚Onkel Onkel', ‚Küsschen Küsschen' und ‚Fitzli Futzli'." Das Buch hieß dann doch „Theater-Theater".

Er war zweimal verheiratet und konnte die treffendsten Dinge im unpassendsten Moment sagen. Auf Aufnahmen, die den 1,90 Meter großen und schlanken Fotografen zeigen, schaut dem Betrachter ein gut aussehender Mann mit wachem Blick entgegen. In der Sammlung Fotografie im Museum Ludwig befindet sich der umfangreiche Nachlass von Chargesheimer. Lange Jahre galt seine Grabstätte auf dem Melaten-Friedhof als unauffindbar. Mittlerweile ist sie wieder aufgespürt worden. In der Nähe des Hauptbahnhofes gibt es einen Platz, der seinen Namen trägt. Die Stadt Köln hat ein Stipendium im Bereich Medienkunst nach Chargesheimer genannt.

...zwischen Friesenplatz und Christ...

...rei Uhr — die Ring-Schlacht u...

Die Schäfers Nas langte hin - und da war Dummse Tün k.o.

Ging k. o. "Dummse Tün".

EXPRESS

Polizei erfuhr nur: „Wir haben gekegelt"

In der Nähe des Klappertheaters traten die beiden Feinde, die sich in früheren Jahren gegenseitig stets respektiert hatten, aufeinander. Aus den umliegenden Lokalen und Diskotheken strömten alle zusammen, die sich dieses Ereignis nicht entgehen lassen wollten. Denn das „Zelt" zwischen den beiden herrschte, hatte sich die Million bereits herumgesprochen.

In der letzten Woche hatte es schon einen kurzen Wort- und Schlagwechsel gegeben. Doch damals floß noch kein Blut. Anders wurde es schnell bei der geistigen Auseinandersetzung: Heinz Schäfer, 112 Kilo schwer, brei[tbein?] fundiert und nicht ohne ein überflüssiges Fett am ... langte nur dreimal ...

Von ULRICH GROSS

exp Köln — Das war das Ereignis des Jahres für die Kölner Unterwelt: Mitten auf dem Ring prügelten sich die prominentesten Schläger der Stadt: Heinz Schäfer, bekannt als „Schäfers Nas" und Anton Dumm, ehedem berüchtigt als „Dummse Tün", trugen um drei Uhr morgens einen Boxkampf aus, bei dem alle Ring-Stammkunden Zuschauer waren. Sieger durch K.o. in der ersten Runde war Schäfers Nas.

gerade wieder aufgerap... als die Polizei im Streifenwagen anrü...

Die Beamten ... des ehemaligen ... Kölner Unter ... Rettungswagen ... ken. Doch ... noch nicht ... Und dann er ... Erinnerungs ... möglichkeit ...

Verteidigte ... ters, der [später?] Bordelle in Bonn und Aachen ...

„Da wollte Heinz den Tün zur Rede stellen. Aber der hat ja plötzlich Platz zum Ver... fehler, zu kommen, hat ... welch[e?] blöd gerede[t]. Als ... Heinz die Kneipe platzte, ... er reiffe in die Stadt ge... ren, um die Sache zu beg... Obwohl der Tün ein ... mit unheimlichen Kr... er ... gegen ...

k. o. "Dummse Tün"

— Anton Dumm (Dummse Tünn) —

Der Mann
mit Fäusten aus Stahl

Anton Dumm (Dummse Tünn) – 1938 in Köln

Es gibt Ranglisten, da ist das Erreichen eines Spitzenplatzes wenig erstrebenswert. Mitte der 1960er Jahre galt Köln als Hauptstadt des Verbrechens. Knapp 50.000 Delikte im Jahr reichten für Platz eins in der Kriminalstatistik. Dem stand eine Aufklärungsquote von rund 34 Prozent gegenüber. Das Pflaster in dieser Hochburg für Prostitution, Diebstahl, Raub, Einbruch, Glücksspiel und Sittlichkeitsverbrechen war zu dieser Zeit heißer als das in den Gassen und Hinterhöfen in Hamburg und Berlin. Und doch wurde mitten in diesem Sündenpfuhl der Stoff gewebt, der Helden, ja sogar Legenden hervorbrachte. Die übelsten Schläger erlangten in der Rückschau so etwas wie Kultstatus. Nicht nur unter ihresgleichen.

Da flutschen für Männer wie Anton Dumm, genannt „Dummse Tünn", sogar Bezeichnungen wie kölsche Legende oder kölsches Original durch. Der heute über 70-Jährige zählte neben dem 1997 gestorbenen Heinrich Schäfer, Schäfers Nas, zu den Königen der Unterwelt. Beide galten als Konkurrenten, gingen sich aber möglichst aus dem Weg. Mit einer Ausnahme. 1975 kam es auf den Kölner Ringen zum großen Kräftemessen. Das entschied Schäfers Nas für sich. Zwei satte Schläge reichten, um Dummse Tünn an dem Abend aus dem Verkehr zu ziehen. Nach Unmengen von Alkohol war er allerdings nur bedingt kampftauglich. „Do hätt dä mer eine für de Kopp jehaue, un do wor ich weg", kommentierte Tünn seine Niederlage später lapidar. Sie scheint ihm wohl nicht viel ausgemacht zu haben. Seinem Ruf auch nicht.

Rein optisch unterschied sich der Dummse Tünn deutlich von Schäfers Nas, der knapp zwei Meter groß und 140 Kilo schwer war. Der Tünn war 1,70 groß und etwas über 80 Kilo schwer. Seine Zeitgenossen aus dem Milieu beschrieben ihn als den „stärksten Mann von Köln" mit Fäusten aus Stahl und Händen wie Schraubstöcke. Der ehemalige Boxer soll einst mehr als 100 Liegestütze auf einem Arm geschafft haben. Während Minipli-Träger Schäfer aufgrund seiner Statur und der Narben im Gesicht furchterregend aussah, machte Anton Dumm mit seinen kurzen, korrekt gescheitelten Haaren und teuren Klamotten einen fast biederen Eindruck. Natürlich nur so lange, bis er mit seiner schlagkräftigen und kampfbereiten Gang auf der Straße und in den Bars, Striplokalen, Bordellen und Zockerbuden auftauchte. Freundlich war da gar nichts mehr.

Sein offizieller Beruf war Rohrleger. Er arbeitete auch eine Weile auf dem Bau und in einer Schlosserwerkstatt. Die schnellen Autos der Marken Jaguar, Mercedes und Porsche, das luxuriös ausgestattete Appartement und die schicken Anzüge finanzierte er aus seiner Profession als Zuhälter. Er war Portier, was in der Szene die Bezeichnung für Türsteher war, und Leibwächter. Der Kölner Großgastronom Hans Herbert Blatzheim soll den starken Mann eine Zeitlang als Beschützer für seine Stieftochter Romy Schneider angeheuert haben.

Anton kam schon als Jugendlicher mit dem Gesetz in Konflikt. In seiner Polizeiakte tauchen Delikte wie Sachbeschädigung, Körperverletzung, Diebstahl, Hehlerei und Fahren ohne Führerschein auf. Die Liste seiner Vorstrafen und Vergehen soll unüberschaubar lang gewesen sein. Man könnte auch sagen, Dumm arbeitete schon zu Beginn seiner kriminellen Karriere mit hoher Schlagzahl. Sein Ruf als kompromissloser Schläger mit immensen Kräften pflanzte sich von seinem Heimatviertel Rath über Kalk bis in die Innenstadt fort. Seinen Weg in die erste Rotlicht-Reihe säumten zertrümmerte Kneipeneinrichtungen, gebrochene Stuhl- und Nasenbeine und sonstige Knochenbrüche. Es dürfte auch gewaltig viel Blut geflossen sein.

Vor Dummse Tünn zitterte die Szene. Selbst bei der Polizei soll es Vertreter gegeben haben, die ihm möglichst aus dem Weg gegangen sind. Aber nicht alle. 1966 wurde der 28 Jahre alte Dumm zur

Vernehmung ins damalige Polizeipräsidium am Waidmarkt gebracht. Die Kripobeamten präsentierten ihm einen Haftbefehl. Der Vorwurf: Notzucht. Der Fall lag ein paar Jahre zurück, Dumm sollte eines Nachts ein junges Mädchen bedrängt, geschlagen und gewürgt haben. Im Prozess wurde er freigesprochen. Die Anklage stand schon vor Verfahrensbeginn auf wackligen Füßen. Das Mädchen zog die Aussage zurück, eine Spende in Höhe von 900 Mark hatte sie zum Nachdenken und Schweigen bewogen. Die vom Gericht verhängte Ordnungsstrafe gegen sie wegen Falschaussage beglich ihr neuer Bekannter Dumm ebenfalls.

Doch die Ermittler hatten Witterung aufgenommen. Dumm erhielt weitere Einladungen der Polizei. Vorwurf: Diebstahl einer Brieftasche. Ergebnis: Freispruch aus Mangel an Beweisen. Dann fuhren die Justizbehörden größere Geschütze auf. Sie hatten Fakten für zwei Anklagen zusammengetragen. Vorwurf 1: Notzucht, Zuhälterei, gemeinschaftliche und gefährliche Körperverletzungen und Fahren ohne Führerschein; Vorwurf 2: Körperverletzung.

Dumm verbrachte seine Untersuchungshaft zunächst im Kölner Zentralgefängnis Klingelpütz, dann im Düsseldorfer Gefängnis. Vor allem der Prozess, in dem es „nur" um die Körperverletzung ging, hatte es in sich. Es gab Drohungen gegen den Richter und den Staatsanwalt. Dumms Kumpane drohten damit, im Gerichtsgebäude am Appellhofplatz eine Bombe zu zünden, wenn Dumm nicht freigesprochen würde. Das wurde er tatsächlich. Die Zeugen brachen vor Gericht zusammen. Tünn stellte sich als verkannter Wohltäter dar. Er sei in eine laufende Schlägerei geraten, bei der ein Junge blutend am Boden lag. Dem habe er helfen wollen. Womöglich habe er ihm das Leben gerettet, denn die Angreifer hätten den Wehrlosen mit Fußtritten traktiert. Der starke Dumm habe die Übermacht aber vertreiben können. Er war fürs Erste mal wieder davongekommen.

Doch die Schlinge lag schon zu fest um seinen Hals. In der Hauptverhandlung des zweiten Prozesses versagte zwar bei einer Reihe der 80 geladenen Zeugen das Erinnerungsvermögen, aber diesmal reichten die übrigen Beweise. Dumm wurde zu drei Jahren Gefängnis verurteilt. Mittlerweile ist er eine Rotlichtgröße im Rentnermodus.

– Bernard
Henrichs –
Don Camillo
von Köln

Don Camillo
von Köln

Bernard Henrichs –
10. November 1928 in Opladen
bis 27. März 2007 in Köln

Zweimal im Jahr heißt es im Kölner Dom „Loss jon". Am Schluss des Pontifikalamtes für die Karnevalisten kurz vor der Proklamation des Dreigestirns und nach der Zehn-Uhr-Messe am Karnevalssonntag zieht der Organist an der Schwalbennestorgel das Register 35 mit der Aufschrift „Loss jon" und spielt das Lied „Mer losse d'r Dom en Kölle" von den „Bläck Fööss". Zeitgleich öffnet sich unter der Orgel eine Klappe und eine Figur mit Narrenkappe kommt zum Vorschein. Diese Figur zeigt den früheren Dompropst Bernard Henrichs. Auf dem Kopf trägt er die Kappe der Traditionsgesellschaft „Ehrengarde der Stadt Köln". Henrichs war wie alle Dompröpste vor und nach ihm Feldkaplan der 1902 gegründeten Karnevalsgesellschaft. Den Stammplatz im Bauch der Orgel hat sich der Geistliche redlich verdient.

In seine Amtszeit als Dompropst fiel die Entscheidung, eine neue Orgel für den Dom bauen zu lassen. Die Schwalbennestorgel (oder Langhausorgel) mit der einzigartigen Sonderausstattung stammt aus der Werkstatt der Bonner Orgelbaufirma Klais. Sie wurde 1998 im Jahr des Domjubiläums – 750 Jahre nach der Grundsteinlegung der Kathedrale – gebaut und hängt seither über dem Mittelschiff des Doms. Als die Orgelbauer dem Dompropst stolz die fertige Orgel und das Geheimregister präsentierten, soll dieser sehr streng geschaut und gesagt haben: „Das kommt so überhaupt nicht in Frage." Die eigentliche Leistung von Bernard Henrichs wird in diesem Moment darin bestanden haben, ernst zu bleiben. Die Klais-Leute dürften ohnehin starr vor Schreck gewesen sein. Erst als Henrichs seine Kritik erläuterte, löste sich die Anspannung. Die Narrenkappe der Figur war rot-weiß. Die musste flugs umlackiert und zu einer grün-gelben der Ehrengarde werden.

Das war eine Geschichte so ganz nach dem Geschmack des Kirchenmannes. Er war ein Priester, der einen „Rheinischen Katholizismus" praktizierte. Er übte seine Ämter mit Humor und Schlagfertigkeit aus. Ihm saß häufig der Schalk im Nacken, nicht nur wenn er Orgelbauer in Verlegenheit brachte.

Bernard Leo Martin Henrichs wurde am 10. November 1928 in der damals noch eigenständigen Kreisstadt Opladen, heute ein Stadtteil von Leverkusen, geboren. Schon der junge Henrichs lernte etliche Orte im Land kennen. Ein Jahr nach seiner Geburt zog die Familie nach Neuss. Vater Wilhelm Henrichs wurde als Mitglied der Deutschen Zentrumspartei Oberbürgermeister der Stadt. 1934 wurde er von den Nationalsozialisten abgesetzt. Die Familie ging nach Düsseldorf. Kurz nach dem Ende des Zweiten Weltkriegs ließen sich die Henrichs in Hilden nieder, wo der Sohn Bernard 1949 Abitur machte. Der Ruf der Theologie drang nicht sogleich an sein Ohr, die Rechtswissenschaften waren lauter. Er studierte zunächst Jura an der Bonner Universität. Nach zwei Semestern sattelte Henrichs um und begann ein Studium der Philosophie und Theologie, Jura lief noch ein paar Semester nebenher mit. Als Kölner Dompropst kam der Beinah-Jurist etliche Jahre später doch noch hautnah mit dem Verbrechen und Leuten aus der Unterwelt in Kontakt. Doch dazu mehr an anderer Stelle.

Am 23. Februar 1956 empfing Bernard Henrichs seine Priesterweihe in St. Heribert in Köln-Deutz und wurde Kaplan an St. Michael in Velbert-Langenberg. Damit begann der zweite Teil seiner Reise durch die Region. Er war Seelsorger und Religionslehrer am Gymnasium in Velbert-Langenberg, dann am Cecilien-Gymnasium in Düsseldorf-Oberkassel und Landeskurat der Deutschen Pfadfinderschaft St. Georg. Nach ein paar Jahren als Studentenpfarrer in Bonn wurde er in Düsseldorf Pfarrer an St. Paulus und ab 1972 Stadtdechant in Düsseldorf. Zwölf Jahre später war die Rhein-Tour beendet, Henrichs wurde vom damaligen Erzbischof Joseph Kardinal Höffner nach Köln ins Erzbischöfliche Generalvikariat berufen. 1985 wählte das Metropolitankapitel Bernard Henrichs zum Dompropst. Das blieb er bis zu seiner

Emeritierung 2004. Drei Jahre später starb der „fröhliche Knecht Gottes", wie ihn der ehemalige Erzbischof Joachim Kardinal Meisner mitunter nannte. Henrichs wurde 78 Jahre alt. Sein Grab befindet sich im Schatten des Domes auf dem Domherrenfriedhof. Der „Kleinbetrieb mit etwa 100 Mitarbeitern" ging an seinen Nachfolger Norbert Feldhoff.

Bernard Henrichs erhielt etliche Auszeichnungen wie das Bundesverdienstkreuz 1. Klasse und das Verdienstkreuz al Merito vom Heiligen Grab zu Jerusalem. 2004 trug er sich in das Goldene Buch der Stadt Köln ein. Er erhielt so viele Karnevalsorden, dass sie leicht den Grundstock für ein Museum hätten bilden können. Er bekam 1986 in Aachen den „Orden wider den tierischen Ernst". Fünf Jahre zuvor war sein Amtsvorgänger Heinz Werner Ketzer ebenfalls vom Aachener Karnevalsverein (AKV) ausgezeichnet worden. Die Laudatio für Henrichs hielt seinerzeit der SPD-Ministerpräsident Johannes Rau. Dabei führte er mit der Stockpuppe „Speimanes" (gehalten von Heribert Brands) vom Kölner Hänneschen-Theater ein munteres Gespräch über den neuen Ordensmann. Ohne Beistand aus dem Puppentheater nahm Henrichs kurz vor seinem Ruhestand als Dompropst 2003 in Neuss den „Närrischen Maulkorb" entgegen. Die von den närrischen Dachverbänden aus Neuss, Düsseldorf und Mönchengladbach verliehene Auszeichnung quittierte er mit der Frage, in welche Klasse der Hundeverordnung er einzuordnen sei.

Bundesweit bekannt wurde Bernard Henrichs durch seine berufliche Verbindung zu Heinrich Schäfer. Die Unterweltgröße, besser bekannt unter seinem Künstlernamen „Schäfers Nas", erwies dem Kölner Dom und damit seinem Dompropst einen wahren Christendienst. 1995 war das Undenkbare geschehen. Am helllichten Tag war ein Vortragekreuz aus der Schatzkammer des Domes gestohlen worden. Der Dieb hatte das Kreuz aus dem 19. Jahrhundert wohl blitzschnell auseinandergeschraubt, unter seiner Jacke verborgen und mitgehen lassen. Der materielle Wert war vergleichsweise gering, der ideelle Wert umso höher. Für die Wiederbeschaffung setzte das Domkapitel eine Belohnung von 3.000 Mark aus. „Schäfers Nas", einer der Obergauner aus der Unterwelt, war stinksauer. Ein Diebstahl im Dom ging gegen seine Berufsehre. „Den Dom beklaut man nicht."

Dank bester Verbindungen ins Milieu beschaffte er das Kreuz fast noch rascher, als es der Dieb zerlegt hatte. Nicht lange nach dem Verbrechen tauchte die „Nas" bei Henrichs auf und übergab ihm das Kreuz in einer Plastiktüte. Von der ihm zustehenden Belohnung wollte er nichts wissen. „Vom Dom nimmt man nichts, dem Dom gibt man höchstens." Das Angebot des Dompropstes, im nächsten Hochamt für seine Seele zu beten, nahm Schäfers Nas freudig an. Bat aber darum, auch seine Frau in die Gebete miteinzubeziehen. Henrichs hielt Wort. Am folgenden Sonntag ließ er das Vortragekreuz, das sonst nur für den Erzbischof aus der Schatzkammer geholt wird, durch die Kirche tragen. Statt einer Predigt erzählte der Dompropst die Geschichte der Wiederbeschaffung. Henrichs sagte, „ein Herr" habe ihm das Kreuz zurückgebracht. „Ich kannte Herrn Schäfer vorher leider nicht, aber er muss wohl in bestimmten Kreisen eine bedeutende Stellung haben." Am Hochamt könne Heinrich Schäfer nicht teilnehmen, weil er, so Henrichs, „beruflich in der Schweiz unterwegs sei". Der Dompropst versicherte später in mehreren Interviews, er habe die Aussage von Schäfers Nas „er habe da ein paar Pferdchen laufen" nicht auf Anhieb verstanden. Der Kirchenmann meinte, der Kreuzbeschaffer habe einen Rennstall oder sei sonst irgendwie auf der Rennbahn in Köln-Weidenpesch aktiv.

Der Gottesmann Henrichs mit dem heiteren Gemüt und fröhlichen Gesichtsausdruck konnte aber auch fuchsteufelswild werden. Als Hausherr im Kölner Dom kämpfte er wie ein Löwe dafür, dass die Würde und das Ansehen der Kathedrale gewahrt wurden. Ein besonderes Augenmerk hatte er auf die Domumgebung und die Dinge, die sich dort abspielten. Ihm war zum Beispiel die sogenannte Klagemauer, bestehend aus Pappschildern mit anklagenden Parolen, aufgehängt an Wäscheleinen, auf dem Domvorplatz ein Dorn im Auge. Auch mit Politikern, Stadtplanern und Architekten ging der gelegentlich als „Don Camillo von Köln" bezeichnete Henrichs nicht zimperlich um. Als die Stadt die Stromkosten für das nächtliche Anstrahlen des Kölner Wahrzeichens nicht mehr tragen wollte, gab Henrichs den Verantwortlichen ungerührt zu bedenken, der Kirche genüge es, wenn ihren Schäfchen im Inneren des Gotteshauses ein Licht aufgehe. Flugs wurde ein Sponsor gesucht und gefunden, der die Kathedrale nicht im Dunkeln ließ.

Die Treppe vom Dom zum Hauptbahnhof fand der Dompropst wie gemacht, „um sich daraufzusetzen – mit Hunden, mit Bierdosen und mit allem". Die Ostseite des Domes bezeichnete er als „stinkende Bierentlastungszone", den Roncalliplatz als Spielwiese für Kirmes, Konzerte und Skater. Ein anderes Mal dachte er laut darüber nach, ob man den Kölner Dom nicht besser auf die Düsseldorfer Rheinwiesen stellen solle. Dann brauche man nicht über Hochhäuser zu streiten und hätte freien Zugang zur Reibekuchenbude auf dem Bahnhofvorplatz. Diese beißend-ironischen Sätze fielen in Zeiten, als in der Stadtverwaltung ernsthaft darüber diskutiert wurde, auf der Deutzer Rheinseite einen Hochhauskranz mit bis zu 120 Meter hohen Büro- und Hoteltürmen zu bauen. Die hätten nach Meinung des UNESCO-Weltkulturerbe-Komitees die ungehinderte Sicht auf den Kölner Dom verstellt. Den Platz der gotischen Kathedrale auf der Liste der wichtigen Kulturstätten der Menschheit sah das Komitee ernsthaft gefährdet, sollten die Baupläne realisiert werden. Wurden sie nicht, der Dom blieb weiter auf der Liste.

Gegen die Reibekuchenbude konnte sich der Dom ebenso behaupten, die ist weg. Noch da ist dagegen die etwa zehn Meter hohe Kreuzblume aus dunkelgrauem Beton neben dem Taubenbrunnen von Ewald Mataré. Die war für den Dompropst schlicht ein „Scheusal". Wie ungünstig, dass ihn sein Weg von der Dompropstei am Margaretenkloster zum Dom immer an dem Scheusal vorbeiführte.

Johann von Werth,
Kaiferlicher General der Kavallerie.

– Jan von
Werth –

Stall gegen Schlachtfeld getauscht

*Jan von Werth – 1591 in Büttgen
bis 12. September 1652
auf Schloss Benatek in Tschechien*

Nahezu jedes Kind in Köln kennt die Sage von Jan und Griet. Sie handelt von der Liebe des Knechtes Jan vom Kümpchenshof zur Magd Griet. Die verschmäht Jan und seinen Heiratsantrag, weil sie auf eine bessere Partie hofft. Aus Enttäuschung geht Jan zum Militär, wird ein berühmter Feldherr und kehrt als hochdekorierter Reitergeneral Jan von Werth nach Köln zurück.

Bei seinem Triumphzug in die Stadt hinein begegnet er seiner einstigen Liebe Griet. Die sitzt am Severinstor und verkauft Äpfel. Sie ist arm und einsam, einen Ehemann hat sie nicht gefunden. Ihren Hochmut von einst bereut sie: „Jan, wer et hätt jewoss." Jan hat ihr zwar verziehen, begehrt sie aber nicht mehr: „Griet, wer et hätt jedonn."

Jedes Jahr an Weiberfastnacht zu Beginn des Straßenkarnevals führt die Reiterkorps-Gesellschaft „Jan von Werth" an der Severinstorburg das historische Spiel um Jan und Griet auf. Anschließend gibt es einen Umzug durch das Severinsviertel. Auf dem Album „Aff un zo" der Band BAP gibt es „Die Moritat vun Jan un Griet" als Rockversion zu hören. Ob es zwischen Jan von Werth und einer Magd mit Namen Griet tatsächlich eine einseitige und daher unglückliche Liebesgeschichte gab, ja, ob sich die beiden überhaupt je begegnet sind, lässt sich nicht mit Sicherheit sagen. Entsprechende Quellen dazu fehlen.

Aber Johann, genannt Jan, von Werth hat wirklich gelebt. Er stammte aus einfachen Verhältnissen und machte im Dreißigjährigen

Krieg Karriere als Soldat. Der Typ muss ein richtiger Haudegen gewesen sein. Er diente in mehreren Heeren und galt als tollkühner Reiter und Kämpfer. Zahlreiche Verletzungen – einmal traf ihn eine Kugel in die Wange, blieb unter dem Ohr stecken und wurde erst Monate später entfernt – konnten ihn allenfalls stoppen, aber nicht aus dem Sattel heben.

Ein „Womanizer" war er obendrein. Die sagenhafte Griet mag ihn verschmäht haben, aber der echte Jan konnte drei Ehefrauen an Land ziehen. Die letzte führte er 1648 im Alter von 58 Jahren zum Altar. Die Braut Susanne Maria Gräfin von Kuefstein war da erst 17 Jahre alt und soll wenig begeistert über die Heirat mit dem alten Mann gewesen sein. Er war ihr zu ungehobelt und ungebildet. Mit zahlreichen Fisternöllchen mit Männern aus ihrer Umgebung tröstete sie sich über ihr Schicksal hinweg. Lange musste sie sich nicht als Frau von Werth quälen. Ihre Ehe währte nur vier Jahre. Der Gatte starb 1652. Er erreichte für einen Mann, der unzählige Male sein Leben auf dem Schlachtfeld riskiert und die großen Pest-Epidemien im Land erlebt hatte, das fast schon sensationell zu nennende Alter von 61 Jahren.

Wo und wann Jan von Werth geboren wurde, lässt sich nicht exakt sagen. Am häufigsten taucht in den Quellen Büttgen am Niederrhein, heute ein Ortsteil von Kaarst, als Geburtsort Jan von Werths auf. In Frage könnten auch die Gemeinden Linnich, Kleinenbroich und Puffendorf kommen, auch Gummersbach, Lüttich und Weert/Roermond haben sich in der Vergangenheit als Wiegenstädte des kleinen Johanns gesehen. Die Stadt Köln war es definitiv nicht, die spielt erst später eine Rolle im Leben des Bauernsohns. Auch das Datum und das Jahr seiner Geburt sind nicht eindeutig belegt. Am wahrscheinlichsten gilt das Jahr 1591. Im Pfarrarchiv Neersen in Willich am Niederrhein gibt es ein Porträt, das Jan von Werth im Jahr 1650 im Alter von 59 Jahren zeigt.

Johann (Jan) war der Älteste von acht Geschwistern. Früh musste der Junge auf dem elterlichen Hof, der zwischen Büttgen und Kleinenbroich lag, mithelfen. 1599 verpachteten die Eltern den Hof und zogen nach Köln in ein Zinshaus an der Gereonstraße, das zum Besitz der Familie Raitz von Frentz zu Schlenderhan zählte. Die „Raitz von Frentz" gehörten zu den ältesten Schöffen- und Rittergeschlechtern der freien Reichsstadt Köln. Jan arbeitete für die Familie als Knecht und Pferdewirt mal auf dem Kümpchenshof, mal auf Schlenderhan. Hier könnte er getreu der späteren Sage in der Tat auf seine Griet gestoßen sein. Etwas Schriftliches aus dieser Zeit gibt es nicht. Schon gar nichts von Jan selber. Er hat ebenso wie seine Eltern nie das Schreiben gelernt.

Es herrschten damals unsichere und kriegerische Zeiten. Der Jülich-Klevische Erbfolgekrieg begann 1609. Der Dreißigjährige Krieg brach 1618 aus. Ideale Bedingungen für mutige und verwegene Männer, die ihr Glück nicht auf dem Acker und im Stall, sondern auf dem Schlachtfeld suchten. Die Herrscher brauchten für ihre Kriege Soldaten. Das Söldnertum hatte Hochkonjunktur und bot gerade Männern aus dem einfachen Volk ungeahnte Aufstiegs-Chancen, Bauernsöhnen wie Jan von Werth. Er entschloss sich 1608 oder 1609, spätestens 1610 „dem Kalbsfell zu folgen". So bezeichnete man damals den Trommelschlag der Werber, die über Land zogen und so Söldner anwarben. Der junge Mann vom Niederrhein trat in das wallonische Regiment des Generals Ambrosio Spinola ein und stand somit in Diensten der spanischen Krone. Spinola kämpfte als spanischer Feldherr in den Niederlanden. Jan kam zur Kavallerie und musste Pferd und Ausrüstung selber mitbringen. Die dafür benötigten 100 Taler steuerte seine Mutter Elisabeth bei, die dafür Land verpfändete.

Damit begann die erstaunliche Karriere des Jan von Werth. Er war ein Kriegsgewinnler, einer, den die Kämpfe wohlhabend und einflussreich machten. Er führte seine Waffen für den, der ihn gut bezahlte. Denn er war ein „armer Soldat, der sein Proth mit dem Degen gewünen mueß", teilte er im Mai 1634 seinem aktuellen Dienstherrn Kaiser Ferdinand II. zu Kurköln mit. Da stand Jan im Range eines Oberst. Im Laufe der Jahre war der Rheinländer Diener vieler Herren. Er kämpfte auf spanischer, kurkölnischer, bayerischer und zuletzt auf kaiserlicher Seite. Jan von Werth wurde Kürassier, Offizier, Rittmeister, Generalwachtmeister, Feldmarschall-Leutnant, General-Leutnant und General. Ganz nebenbei machte ihn Kaiser Ferdinand II. zum Freiherrn, später erhob ihn sein Sohn Kaiser Ferdinand III. in den Grafenstand. Als Dank für seine Dienste bekam er Ländereien und Immobilien. Dazu zählte auch das Schloss Benatek in Tschechien. 1650 ging Jan von Werth in den Ruhestand, vorher führte er als General der Kavallerie noch einen Feldzug gegen die Schweden, besiegte am 6. Oktober 1648 in der Schlacht bei Dachau den schwedischen General Carl Gustav Wrangel.

Hätte es in jenen Zeiten schon so etwas wie „Head-Hunter" gegeben, der Name Jan von Werths hätte mit Sicherheit in diversen Notizbüchern gestanden. Furchtlos, beliebt bei Vorgesetzten und Untergebenen, kompatibel mit unterschiedlichen Kriegsherren, anpassungsfähig an alle gängigen Schlachtfelder auf europäischem Boden. Er war beteiligt an der Schlacht am Weißen Berg, der ersten großen Schlacht des Dreißigjährigen Krieges, und kämpfte an der Seite des legendären Heerführers Johann Graf von Tilly. Nach etwa 30 Siegen gegen französische Truppen erhielt Jan von Werth den inoffiziellen Ehrentitel oder Kampfnamen „Franzosenschreck". So gestärkt zog er 1637 von Köln aus gegen die von den Franzosen eroberte Festung Ehrenbreitstein bei Koblenz. Er belagerte die Festung, hungerte so die eingeschlossenen Franzosen aus und vertrieb sie aus dem Gemäuer. Jan von Werth bewies auch Familiensinn. Alle seine fünf Brüder verdingten sich ebenfalls als Söldner und profitierten von seiner Position. Allerdings überlebte ihn nur ein Bruder, die anderen kamen auf dem Schlachtfeld um.

Ein echter Karriereknick ereilte von Werth im März 1638 in der Schlacht bei Rheinfelden. General Georg Christoph von Taupadel nahm den Gegner gefangen. Das gelang nur, weil Jan zu Fuß fliehen musste, nachdem ihm unglücklicherweise das Pferd unter dem Hintern weggeschossen worden war. Von Werth war zur Beute geworden, an der der französische König Ludwig XIII. und dessen Minister Richelieu sehr interessiert waren. Kardinal Richelieu ließ den „Franzosenschreck" nach Paris bringen und hielt ihn als prominente Geisel fest. Jan von Werth landete nicht im Kerker, sondern wurde gut behandelt und durfte sich frei bewegen. Er musste vorher natürlich versprechen, nicht auszubüxen. Als Mann von Kriegsehre gab Jan sein Ehrenwort und hat tatsächlich nicht versucht, zu fliehen. Er war allerdings für vier Jahre aus dem Geschäft. Erst im März 1642 wurde er gegen den schwedischen General Gustaf Graf Horn ausgetauscht und wieder auf freien Fuß gesetzt. Seine freie Zeit hatte der Kriegsheld auf Eis dazu genutzt, um über einen Mittelsmann ein Dorf, ein Schloss und ein paar Besitztümer zu kaufen. Armut scheint nicht zu seinen Problemen gehört zu haben. Dazu passt auch, dass Jan zwei Jahre vor seiner Gefangennahme ein repräsentatives Stadthaus in Köln gekauft hatte. Nach der Rückeroberung der Feste Ehrenbreitstein schenkten ihm die hohen Herren der Reichsstadt Köln eine goldene Kette im Wert von 400 Goldgulden. Neben seinen Einkünften aus dem Dienst in den Regimentern erhielt der Reitergeneral Geschenke und Prämien, außerdem Geschmeide aus Gold, Pferde, Wein und Landbesitz. Tja, Griet, wirklich dumm gelaufen. „Wer et hätt jewoss".

– Jean Jülich –

Krach mit Trude Herr, weil die Sektkorken knallten

*Jean Jülich – 18. April 1929 in Köln
bis 19. Oktober 2011 in Köln*

Karnevalspräsident, Edelweißpirat, Kneipier, Naziopfer, Kioskbesitzer, Gründer von Europas kleinster Karnevalsgesellschaft: Das Leben hielt für Jean Jülich grässliche, fröhliche, lebensbedrohliche, aufregende und verrückte Kapitel bereit. Er übte etliche Berufe und Funktionen aus. Sein eigentlicher Beruf war Lebenskünstler. Jean wurde am 18. April 1929 geboren, lebte zunächst mit Eltern und Halbbruder in Riehl, dann bei seinen Großeltern in Sülz, zeitweise im Knabenhort, einem Waisenhaus im Klapperhof, ab Oktober 1944 in Gewahrsam der Geheimen Staatspolizei (Gestapo) in einer Zelle ihres Hauptquartiers im EL-DE-Haus in der Elisenstraße in Köln, dann in Gefängnissen in Brauweiler, Siegburg, Butzbach und Rockenberg. Bei der Befreiung durch amerikanische Soldaten war er noch keine 16 Jahre alt, aber schon lange kein Lehrling mehr im Beruf des Lebenskünstlers. Schließlich hatte seine Ausbildung bereits früh begonnen.

Noch vor seiner Einschulung dämmerte ihm, dass bei Jülichs manches schräger als in anderen Familien war. Die Väter seiner Spielkameraden gingen zur Arbeit, seiner ging in den Untergrund als der Junge vier Jahre alt war. Als Funktionär der Kommunistischen Partei (KP) geriet Jean Jülich (Vater und Sohn hatten den gleichen Namen) schon 1933 ins Visier der Nationalsozialisten. Entkommen ist er den neuen Machthabern nicht. 1936 kam er ins Zuchthaus. Wegen „Vorbereitung zum Hochverrat" wurde er zu einer Haftstrafe von acht Jahren verurteilt. Diese Vorbereitung bestand darin, dass Jülich Senior bei seiner Mutter ein Vervielfältigungsgerät versteckt hatte und auf diesem gelegentlich Flugblätter erstellte. Wegen des illegal beherbergten

Apparats kamen Mutter und Schwester des „Womöglich-Hochverräters" ebenfalls ein halbes Jahr ins Gefängnis Klingelpütz. Weil der kleine Jean nicht bei seinem dementen Opa bleiben konnte, seine Mutter keine Zeit für ihn hatte und ihn auch sonst niemand aufnehmen wollte, ging es für ihn in den Knabenhort. In seiner Biografie schildert Jean Jülich diese Zeit als eine Art Vorhof zur Hölle. Mit der sollte er aber erst ein paar Jahre später Bekanntschaft machen.

Der Junge, der sich selber als mittelmäßiger Schüler mit der Tendenz nach unten einschätzte, wuchs augenscheinlich in einer Umgebung auf, in der die Hinwendung zum Nationalsozialismus nicht besonders gefördert wurde. Die Großmutter schickte ihn zwar zum Jungvolk, eine Jugendorganisation der Hitler-Jugend für Jungen im Alter zwischen zehn und 14 Jahren. Aber mit einem Zuchthaus-Vater und einer Ex-Klingelpütz-Oma war Jean dort kaum am richtigen Platz. Die passenden Leute waren es für ihn auch nicht.

Die traf er in Sülz auf dem Manderscheider Platz. Diese Mädchen und Jungen waren völlig anders als die Hitlerjugend. Sie trugen statt der streichholzkurzen Nazistoppeln lange Haare, kurze Hosen mit Lederbesatz beziehungsweise Faltenröcke, karierte Hemden und Halstücher und Riemchen am Handgelenk, auf denen ein Edelweiß abgebildet war. Statt Drill und Kasernenhof-Jargon hörte Jean Lieder mit frechen, in jenen Zeiten gefährlichen Texten: „Ja, wo die Fahrtenmesser blitzen und die Hitlerjungen flitzen und die Edelweißpiraten hintendrein/was kann das Leben uns denn schon geben, wir wollen frei von Hitler sein."

Jean Jülich war 13 Jahre alt und auf dem Sprung in die Hitlerjugend, als er zu der Gruppe stieß, die sich Edelweißpiraten nannte. Das etwas Unangepasste, fast Romantische der Jugendbewegung sprach ihn an. Die Musik mit russischen Liedern, Cowboyliedern und Schlagern gefiel ihm. Besser als die Nazischnulzen mit schmalzigen, eher dümmlichen Texten der Marke: „Reim dich, oder ich fress dich." Das klang so: „Schießt mich dann eine Kugel tot, kann ich nicht heimwärts wandern, dann wein' dir nicht, mein Schatz, die Augen rot. Nimm dir halt einen anderen, nimm einen Burschen, stramm und fein. Annemarie, es braucht ja nicht grad einer zu sein, aus meiner Kompanie."

Die Edelweißpiraten sahen sich als Protestbewegung, die Mittel ihrer Wahl waren zunächst ihre Fahrtenlieder. Handfesteres gab es auch. Jean Jülich und seine Freunde warfen dem Direktor ihrer Schule am Manderscheider Platz, ein überzeugter Nazi, die Fensterscheiben ein. Eines Nachts ketteten sie ein Zeitungsbüdchen an den letzten Wagen der Straßenbahnlinie 13 und ließen es über den Gehweg ziehen. Es sollte ein Denkzettel für den Kiosk-Besitzer sein. Er wollte den Jungen jedes Mal die gewünschten Indianerheftchen ausreden und stattdessen Groschenromane über die Taten von Kriegshelden einreden. Das klingt nach harmlosen Streichen, durch sie hatten die Behörden die Jugendlichen aber auf dem Radar. In einem Lagebericht des Kölner Jugendgerichts vom November 1943 werden die Edelweißpiraten als „das brennendste Problem der Jugendgefährdung" bezeichnet. In einem Bericht des Reichssicherheitsamtes aus dem gleichen Jahr heißt es: „Wenn auch die Jugend selbst die Tragweite ihrer Handlung nicht erkennen kann, so ist doch die damit verbundene Gefährdung auf sittlichem, kriminellen und politischem Gebiet nicht ernst genug zu nehmen."

Jean Jülich und seine Freunde aus der Sülzer Gruppe machten zwar hin und wieder unliebsame Bekanntschaft mit Hitlerjungen-Trupps. Aber mehr als deftige Schlägereien erwuchsen aus diesen Zusammenstößen nicht. Das änderte sich, als Jean in Kontakt mit radikaleren Edelweißpiraten kam. In Ehrenfeld bildete sich zu der Zeit eine Gruppe um Hans Steinbrück, einem ehemaligen Häftling des KZ-Außenlagers Köln-Messe. Er nutzte einen Einsatz bei einem Bombenräumkommando zur Flucht. Er gehörte ebenso wie seine Freundin Cilly Servé zu einer Widerstandsgruppe. Die Untergetauchten versteckten sich in den zerbombten Häusern zwischen Venloer Straße und Schönsteinstraße. Sie boten geflüchteten Zwangsarbeitern, Deserteuren und Juden Unterschlupf. Mit Bartholomäus „Barthel" Schink aus der Gruppe um Hans Steinbrück freundete sich Jean besonders eng an. Das sollte ihm zum Verhängnis werden. Barthel war geschnappt und verhaftet und von den Gestapo-Beamten solange verhört, geschlagen und gefoltert worden, bis der 16-Jährige zusammenbrach und die Namen anderer Edelweißpiraten nannte – auch den von Jean Jülich. Schink hat das dem Freund unter Tränen selber erzählt. Nicht von Angesicht zu Angesicht, aber von Zelle zu Zelle. Das war die einzige

Möglichkeit für die Häftlinge miteinander zu kommunizieren. Wenn ihre Peiniger das Gefängnis verlassen hatten. Das Geständnis waren mit die letzten Worte, die Jean von seinem Freund hörte. Barthel Schink, Hans Steinbrück und elf weitere Menschen ließ die Gestapo am 10. November 1944 in Köln-Ehrenfeld öffentlich aufhängen. Heute erinnert ein Stolperstein vor seinem damaligen Wohnhaus in der Keplerstraße an Barthel Schink, wenige Meter weiter gibt es eine Straße, die seinen Namen trägt und in der ein Mahnmal steht.

40 Jahre später wurden die Namen Barthel Schink und Jean Jülich wieder in einem Atemzug genannt. Die Gedenkstätte Yad Vashem würdigte die beiden ehemaligen Edelweißpiraten 1984 als „Gerechte unter den Völkern". Die „Gedenkstätte der Märtyrer und Helden des Staates Israel im Holocaust" wurde 1953 in Jerusalem gegründet. Der Brief von Yad Vashem ging damals an: „Mr. Jean Jülich, Gastwirt in Köln 1, Josefstraße 10." Da wohnte er nicht, da befand sich seine Kneipe.

Ende der 1980er Jahre hatte der umtriebige Jean schon ein paar Karrieren hin- und wieder abgelegt. Zum jüngsten Gewerbetreibenden Kölns nach dem Ende des Zweiten Weltkrieges wurde er 1950. Am 6. 6. um 6.06 Uhr eröffnete er „stolz wie der sprichwörtliche Oskar" auf dem Ottoplatz vor dem Deutzer Bahnhof einen Zeitungskiosk. Ein Sechser im Lotto wurde es nicht. Weil das Geschäft nur mit dem Verkauf der Zeitungen nicht genug abwarf, erweiterte er das Sortiment um Zigaretten, Kugelschreiber und Notizblöcke. Dafür waren Prüfungen vor dem Fachverband der Tabakwarenhändler und dem Fachverband des Schreibwarenhandels notwendig. Zählt man die abgebrochene Schlosserlehre in der NS-Musterbildungslehranstalt des Reichsbahnausbesserungswerkes in Nippes mit, war das bereits die dritte berufliche Qualifikation, die Jean vorweisen konnte. Klüttenklauer (belegt durch Strafbefehl des Amtsgerichts Köln 1946), Kartoffelsammler, Kuhhirte und Fahrradverkäufer war er immer nur anfallsweise.

Weil auch das aufgestockte Sortiment nicht den finanziellen Durchbruch brachte, verdingte sich Jülich als Vertreter einer Bausparkasse. Die Idee war auf Sand gebaut, also sattelte er um und wurde Waschmaschinenvertreter. Daraus wurde keine saubere Sache. Weiter ging es als Verteiler von Lesemappen und Betreiber mehrerer Schreibwarengeschäfte. Was am 6.6. um 6.06 Uhr mit viel Schwung begonnen hatte, endete 1966 nach einer Reihe von wirtschaftlichen Tiefschlägen im Konkurs.

Der Lebenskünstler Jean schüttelte sich kurz und startete wenige Monate später als Wirt der Gaststätte „Haus Bonntor" neu durch. Seinen Durchbruch als Gastronom erlebte er gemeinsam mit seiner Frau Karin in der traditionsreichen kölschen Wirtschaft „Em Blomekörvge" im Severinsviertel. Er wurde später Pächter der Mülheimer Stadthalle und der Severinstorburg. Im früheren „Theater im Vringsveedel" von Trude Herr war Jülich für das Pausenbuffet zuständig. Allerdings nur so lange, bis sich die Schauspielerin über zischende Zapfhähne, ploppende Sektkorken, klirrende Gläser und penetranten Zwiebelgestank (Jean servierte auch Mettbrötchen) während der Vorstellungen beklagte und den Wirt mitsamt seiner Crew erfolgreich aus dem Haus klagte.

Einen wesentlich größeren Spaßfaktor bereiteten Jülich seine Aktivitäten im Karneval. Getreu seinem Motto: „Habe ich noch nie gemacht, versuche ich" – wurde er Kommandant der Tanzgruppe „Die Kölschen Rhingroller". Denen verpasste er erst einmal ein neues Image, neue Kostüme und einen neuen Namen. Als „Winzer un Winzerinnen vun d'r Bottmüll" tanzt die Gruppe nach einer zehnjährigen Auszeit aktuell wieder für die K.G. Alt-Severin. Kommandant Jülich drängte damals darauf, dass in die Darbietungen akrobatische Elemente einflossen. So etwas gab es damals noch nicht im Karneval. Das gefiel nicht allen. Einige Altvorderen äußerten sich herablassend über die „Trapeznummern". Doch sie mussten sich an den Macher Jean Jülich und seinen Elan gewöhnen. Er rückte ihnen als Präsident der K. G. Alt-Severin und Vorstandsmitglied des Festkomitees Kölner Karneval sogar noch etwas näher auf die Pelle. Der Rest ist kurz erzählt: Zank, Streit und Neid innerhalb seiner Gesellschaft, ebenso innerhalb der Tanzgruppe. Jülich gab das Präsidentenamt ab, gründete mit den „Original Rheinischen Weingeistern" eine neue Tanzgruppe und schuf Jahre später Europas kleinste Karnevalsgesellschaft. Das war die „Löstige 1", in der Jülich sämtliche Funktionen selber übernahm. Berühmt war die Benefiz-Karnevalssitzung der „Löstigen 1", die er jedes Jahr auf die Beine stellte. Im Elferrat saßen nur Puppen, im Programm traten echte Künstler der erste Garde auf. Zudem leitete er als Sitzungspräsident immer wieder Wohltätigkeits-veranstaltungen. Weil er kaum eine Darbietung ohne „Rakete" von der Bühne ließ, erhielt er den Spitznamen „Raketenpräsident".

Bis zu seinem Tod blieb Jean Jülich ein Kämpfer gegen das Vergessen der Gräuel während der Diktatur der Nationalsozialisten. Er sprach vor Schulklassen, hielt Vorträge, trat bei öffentlichen Veranstaltungen wie dem Edelweißpiratenfestival im Kölner Süden auf. Häufig griff er zu seiner Gitarre und sang noch einmal die Fahrtenlieder der Edelweißpiraten. Er wurde mit dem Bundesverdienstkreuz am Bande, dem Rheinlandtaler, der Heine-Büste und dem Severins-Bürgerpreis ausgezeichnet.

Die mehrmals diskutierte Ehrenbürgerschaft der Stadt Köln blieb Jean Jülich verwehrt, weil sich die Kommunalpolitiker nicht darauf verständigen konnten. In der Kölner Südstadt erinnert der Jean-Jülich-Weg an den Lebenskünstler. Der Weg führt durch die Siedlung Stoll-werckhof. Nicht weit davon entfernt ist der Trude-Herr-Park mit dem Denkmal für die Volksschauspielerin. Das hätte Jean gefallen. Er hätte zur Einweihung seiner Straße den Korken aus einer Flasche Sekt knallen und ein Tablett Metthappen mit extra viel Zwiebeln servieren lassen.

– Jean Löring –

Millionen für den Fußball, mittellos ins Grab

Jean Löring – 16. August 1934 in Köln bis 6. März 2005 in Köln

Hans „Jean" Löring war das Herz, die Seele und das Portemonnaie des SC Fortuna Köln. Ohne den Fußballverrückten hätte es der Club womöglich niemals bis in die erste Bundesliga geschafft. Löring und sein „Vereinche" sind gemeinsam hoch geflogen, zusammen abgestürzt und jeder für sich hart gelandet.

Der Unternehmer, der Millionen in den Verein gesteckt hatte, musste 2001 Insolvenz anmelden. „Schäng", wie ihn seine Freunde und Anhänger der Fortuna nannten, starb 2005 nahezu mittellos. Dem Verein drohte 2003 ebenfalls die Insolvenz. Sie konnte nur knapp abgewendet werden. Nach dem Rückzug des Präsidenten und Mäzens 2001 ging es für die Profimannschaft auch sportlich rasant nach unten. Der Fahrstuhl ins Nichts stoppte erst in der Verbandsliga Mittelrhein. Mittlerweile hat sich die Fortuna wieder bis in die 3. Liga hochgedribbelt.

Jean Löring, der mit Millionen jonglierte, dabei häufig mehr als drei Bälle in der Luft hatte, mehrere Firmen managte, blieb zeitlebens ein Junge aus der Südstadt. Daran änderte auch ein pompöses Anwesen im Kreis Düren nichts. Im Veedel, in Bayenthal, Zollstock oder im Severinsviertel, fühlte er sich wohl. Wenn er auf dem Fußballplatz im Südstadion, an der Theke oder auf der Straße mit den Leuten über Fußball fachsimpeln konnte, war er glücklich. Die Fortuna war seine Welt, sein Leben, vielleicht auch sein Untergang.

Hans Löring stand buchstäblich zeitlebens unter Strom. Er machte nach der mittleren Reife eine Lehre als Elektriker, erwarb später den

Meisterbrief. Mit Anfang 20 wurde er Profifußballer. Als Verteidiger spielte er für Preußen Dellbrück, den SC Viktoria 04 Köln und für Alemannia Aachen. Er muss Potenzial gehabt haben, angeblich stand sein Name im Notizbuch von Bundestrainer Sepp Herberger. Der Mann hinter dem „Wunder von Bern" 1954 pflegte in der Kladde Namen von jungen Fußballern festzuhalten, deren Leistungen und Entwicklungen er beobachtete. Die entscheidende Weiche für Lörings weiteren Lebensweg wurde in einer orthopädischen Praxis gestellt. Ein Hüftgelenkschaden beendete 1962 seine aktive Laufbahn.

Strich drunter, keine Karriere in der Nationalmannschaft. Mit 28 Jahren wechselte Löring die alten Sicherungen aus und ging zurück in seinen erlernten Beruf. Im Nachkriegsdeutschland standen die Zeichen auf Wiederaufbau. Handwerk hatte goldenen Boden. Auch für den jungen Elektrikermeister aus der Südstadt. Der Verteidiger schaltete auf Angriff um, setzte auf Sieg und wurde ein erfolgreicher Unternehmer. Es begann mit der „Hans Löring ELRO Elektro- und Rohrleitungsbau GmbH", zeitweilig umfasste das Imperium neun Firmen mit bis zu 300 Mitarbeitern.

Seine Zeit als „Mister Fortuna" begann 1966. Parallel engagierte er sich im Boxsport. Er war Manager des Kölner Boxers Jupp Elze. Der Deutsche Meister im Mittelgewicht war nur fünf Jahre jünger als Löring. Am 12. Juni 1968 kam es im Kampf gegen Juan Carlos Duran um den Europameistertitel zur Katastrophe. In der 15. Runde ging Elze nach einem Kopftreffer zu Boden, stand kurz wieder auf, wurde bewusstlos und fiel ins Koma. Eine Notoperation in der Kölner Universitätsklinik konnte den Boxer nicht retten. Er starb am 20. Juni an den Folgen einer Hirnblutung.

Hans Löring zog sich danach vom Boxen zurück und widmete sich mit vollem Elan und Ehrgeiz seiner alten Liebe, dem Fußball. Als er Fortuna-Präsident wurde, spielte der Club in der Bezirksliga. Es folgten etliche Aufstiege bis ganz nach oben in den Bundesliga-Himmel.

35 Jahre blieb Löring an der Spitze des Vereins. Während dieser Zeit hielt sich die Fortuna 26 Jahre lang in der 2. Bundesliga. Da war sie wieder. Diese vermaledeite Zwei. Wie im Februar 1948. Wäre man

doch damals nur ein wenig schneller zur Sache gekommen. Wer weiß, vielleicht hätte die Fußballgeschichte in Köln einen völlig anderen Verlauf genommen. Aber die Väter (von möglicherweise beteiligten Müttern ist nichts überliefert) des 1. FC Köln waren fixer. Am 13. Februar 1948 schlossen sich die Fußballvereine Kölner BC 01 und SpVgg Sülz 07 zum 1. FC Köln zusammen. Nur acht Tage vor der Geburt des Südstadtvereins. Im Kasino der früheren Kölnischen Maschinenfabrik (Pintsch Bamag AG) in Bayenthal wurde am 21. Februar 1948 die Gründung des SC Fortuna Köln mit der Fusion der SV Victoria 1911, des Sparkassen-Vereins Köln 1927 und des Bayenthaler SV besiegelt. Diesen gut einwöchigen Vorsprung haben die Fortunen in der Vergangenheit nicht einholen können. Der FC ist bislang fußballerisch die erste Adresse in Köln.

1973 hätte das Jahr der Wende werden können. Platz 1 in der Aufstiegsrunde der Gruppe 1 brachte dem Sportsmann aus der Elektro- und Baubranche die Erfüllung seiner Träume. Aufstieg in die erste Fußballbundesliga. Gemeinsam mit Rot-Weiss Essen. Dem Aufstieg der Kölner folgte der direkte Abstieg. Nur acht Siege waren zu wenig. Der Wuppertaler SV wies zwar das gleiche miese Punkteverhältnis auf, hatte aber das bessere Torverhältnis. Mit nach unten musste das Team von Hannover 96, die Niedersachsen hatten nur sechs Mal gewonnen. Deutscher Meister wurde Bayern München. Nur noch zwei Mal kratzten Löring und die Seinen an der Pforte zum Thronsaal des Fußballs. Am 11. Juni 1983 trafen im Finale des DFB-Pokals mit dem SC Fortuna Köln und dem 1. FC Köln zwei Stadtmannschaften aufeinander. Lange stand es im Müngersdorfer Stadion unentschieden. Die Fortuna war über weite Strecken die bessere Mannschaft. Bis zur 68. Minute. Der satte Volleyschuss von Pierre Littbarski war das 1:0 für den FC, das einzige Tor des Spiels und der Pokalsieg für den FC. 1986 war die Chance, erneut ins Oberhaus der Bundesliga einzuziehen, zum Greifen nah. In der Relegation traf der SC Fortuna Köln als Dritter der 2. Bundesliga auf den Drittletzten der Bundesliga Borussia Dortmund. Das Hinspiel in Köln gewann die Fortuna mit 2:0. Im Rückspiel stand es in Dortmund bis kurz vor Schluss 2:1. Das hätte für die Kölner zum Aufstieg gereicht. Aber 20 Sekunden vor dem Abpfiff fiel das 3:1 für Dortmund. Ein drittes Spiel wurde notwendig. Das verloren die Kicker der Fortuna sang- und klanglos mit 0:8 Toren.

Jean Löring war ein Präsident mit ungewöhnlichen Aktionen. Da war die mit Keeper Jacek Jarecki. Er wurde sich mit dem Präsidenten nicht handelseinig über seinen Vertrag. Listig schlug Löring eine Partie Fußball-Tennis vor. Der Sieger sollte seine Forderungen erfüllt bekommen. Löring gewann, Jarecki kommentierte das Ganze fassungslos: „Dann kam dieser kleine dicke Mann und hat mich abgezogen. Woher sollte ich denn wissen, dass der so gut Fußball spielen kann?".

Einzigartig in der Geschichte des Profifußballs ist die Entlassung von Toni Schumacher als Trainer im Jahr 1999. In der Zweitligapartie gegen Waldhof Mannheim lag die Fortuna zur Halbzeit mit 0:2 hinten. Löring schäumte, vor allem weil die Leistung der Kölner seiner Meinung nach „unterirdisch" war. Sein Wutanfall in der Kabine endete mit den Worten „Raus hier, du hast hier nichts mehr zu sagen!". Sprich: mit der sofortigen Entlassung von Toni Schumacher. In der zweiten Hälfte durfte er die Mannschaft schon nicht mehr coachen. Das übernahm der Chef selber. Co-Trainer Ralf Minge hatte aus Solidarität zu Schumacher oder vor Entsetzen über Löring seine Sachen ebenfalls in der Pause gepackt und war gegangen. Löring machte es im zweiten Durchgang nicht besser. Fortuna Köln verlor 1:5. Für das Feldherren-Gebaren mit Zügen cäsarischen Wahnsinns erntete der Patriarch in der Branche viel Kritik. Die an ihm abperlte, er sah sich im Recht: „Ich als Verein musste handeln. Das war das schlechteste Fortuna-Spiel der letzten 20 Jahre, eine Zumutung."

Schiedsrichter schienen die natürlichen Feinde des Patriarchen an der Seitenlinie im Südstadion zu sein. Einmal schrieb Löring unter einen fertig ausgefüllten Schiedsrichterbericht den Satz: „Alles gelogen." Nachdem er bei einer anderen Gelegenheit einen Linienrichter wüst beschimpft hatte, verhängte der DFB ein Stadionverbot gegen den Präsidenten. Der soll es beim nächsten Spiel dennoch auf die Tribüne geschafft haben: als Nikolaus verkleidet. Mannschaften, die auswärts gegen die Fortunen antraten, waren gut beraten, auch den zwölften Mann im Auge zu behalten. Jean Löring gestand, dass er gegnerischen Spielern auch schon Mal die Fußballstiefel ausgezogen habe, wenn er der Meinung war, deren Stollen seien zu lang gewesen. Der Selfmademan wusste genau, dass er sich mit seiner Fußballbesessenheit angreifbar machte. Es war ihm egal. Weggefährten schätzten Dinge wie Loyalität, Siegeswillen, Bodenständigkeit und Verlässlichkeit. Der Manager machte keinen Hehl daraus, dass ihm Ansehen, Einfluss und Macht schmeichelten. Er erkannte und förderte aber auch die soziale Bedeutung des Fußballs für Kinder und Jugendliche. Nachwuchsarbeit wurde bei Fortuna Köln riesengroß geschrieben. Zeitweise hatte der Südstadtverein eine der größten Jugendabteilungen in Deutschland mit etwa 500 Spielern in 27 Mannschaften. Seit 2003 gibt es bei Fortuna auch Frauenfußballmannschaften. Daneben gehört seit etlichen Jahrzehnten eine Handballabteilung mit Frauen-, Männer- und Jugendmannschaften zum Verein.

2001 war es Löring selber, dem mehr als nur die Schuhe ausgezogen wurden. Die Insolvenz seines Imperiums beendete auch die Karriere des Präsidenten, der zugleich Mäzen und größter Fan des SC Fortuna Köln war. 2001 lief für „Schäng" alles aus dem Ruder. Insolvenzverfahren gegen das Stammhaus „ELRO", die AOK machte über 500.000 Mark an Beitragszahlungen geltend. Die Steuerschulden von „ELRO" waren auf rund 4,5 Millionen Mark aufgelaufen. Im Laufe der Jahre soll Löring schätzungsweise 30 Millionen Mark in sein Lebenswerk auf den Rasen gebracht und letztlich in den Sand gesetzt haben. Man kann nur erahnen, wie dem 66-Jährigen zumute war, als Vollstreckungsbeamte im Auftrag des Kölner Finanzamtes auch ins Vereinslokal „Bacchus" an der Vorgebirgstraße kamen. Nicht, um etwas zu bestellen, sondern nur, um etwas mitzunehmen. Unter anderem ein historisches Klavier. Über eine Million Mark betrugen die Steuerschulden des Klubs. Von dem Pfändungsbeschluss waren auch die Geschäftsräume des Vereins und die Wohnung Jean Lörings betroffen. Seine Konten wurden eingefroren. Später wurde auch das schlossähnliche Anwesen in der Eifel versteigert.

Hans Löring starb am 6. März 2005 im Alter von 70 Jahren. Mehrere Herzinfarkte hatte er im Laufe seines Lebens überstanden, eine Darmkrebserkrankung überlebte er nicht. Seine letzten Stunden verbrachte er im Kölner Mildred-Scheel-Haus. Sein Wunsch – womöglich im tiefsten Inneren nicht nur als Scherz gemeint – am Anstoßkreis im Südstadion beerdigt zu werden, hat sich natürlich nicht erfüllt. Aber wenn die Fortuna ein Tor schießt, dringt der Fan-Jubel bis zur Grabstätte von „Schäng" Löring auf dem nicht weit entfernten Südfriedhof.

– Sibylle
Mertens-
Schaaffhausen –

Eigene Kinder vernichteten das Lebenswerk

*Sibylle Mertens-Schaaffhausen –
29.1.1797 in Köln bis 22.10.1857 in Rom*

Sibylle Mertens-Schaaffhausen zählte zu den bemerkenswertesten Frauen des 19. Jahrhunderts. Die Tochter des vermögenden Kölner Bankiers Abraham Schaaffhausen scharte in ihren Salons und Gesellschaften in Bonn und Rom Gelehrte und Künstler um sich. Sie war eine bedeutende Mäzenatin, Kunstsammlerin und Archäologin. Ihre Zeitgenossen bezeichneten sie voller Hochachtung als „Rheingräfin". Davon geblieben ist wenig. Ihr Besitz wurde pulverisiert. Ihr Lebenswerk vernichtet. Sie selbst geriet in Vergessenheit. „Fünf Jahre haben genügt, um die Frucht mehr denn dreißigjähriger Bemühung restlos zu zerstören." In diesem Satz von Gustav Mertens schwingen Trauer und Entsetzen, womöglich auch Scham und Reue mit. Denn einer der „Zerstörer" war er selber. Gustav war eins der sechs Kinder von Sibylle Mertens-Schaaffhausen und Louis Mertens.

Nach dem Tod des Vaters 1842 bestanden die beiden Söhne und die vier Töchter nebst Ehepartnern darauf, so rasch wie möglich ihre Erbteile ausbezahlt zu bekommen. Der Versuch einer gütlichen Einigung scheiterte. Es folgten jahrelange Prozesse. Da das Vermögen vor allem aus Immobilien und Kunstschätzen bestand, war die Witwe gezwungen, nahezu ihren gesamten Besitz zu verkaufen. Vieles unter Wert, dem Zeitdruck geschuldet. Ihre über Jahrzehnte aufgebauten, wertvollen Münz- und Gemmen-Sammlungen (Gemmen sind geschnittene Schmuck- beziehungsweise Edelsteine) wurden auseinandergerissen und ebenso wie die zahlreichen Kunstwerke und Möbel in alle Winde verstreut. Was ihr noch geblieben war, machten die Erben nach ihrem Tod flugs auch noch zu Geld. So ließen sie die prächtige Bibliothek der Mutter umgehend nach deren Beisetzung versteigern. Lediglich die etwa 2.000 Stücke umfassende Briefsammlung ist erhalten geblieben. Sibylle Mertens-Schaaffhausen hatte ihre private Korrespondenz bereits zu Lebzeiten testamentarisch der Bibliothek der Universität Bonn vermacht.

Als Erklärung für das Verhalten der Kinder reicht Habgier nicht aus. Die Mutter zu zwingen, sich von fast allem zu trennen, was ihr Leben ausmachte, kam einer Demontage ihrer Existenz gleich. Genau das war wohl beabsichtigt. Denn Sibylle Mertens-Schaaffhausen hatte sich etwas für die damalige Zeit Ungeheuerliches herausgenommen. Statt sich als selbstlose Ehefrau und Mutter ausschließlich den Bedürfnissen des Ehemannes und der Kinder zu widmen, verfolgte sie eigene Interessen und Lebensentwürfe. Die Begeisterung für Kunst und Literatur hätten alle Beteiligten wahrscheinlich klaglos hingenommen. Nicht aber, dass die sechsfache Mutter keine Männer, sondern Frauen liebte. Über homosexuelle Beziehungen wurde in der Zeit des Biedermeiers nicht öffentlich gesprochen, schon gar nicht über die zwischen Frauen, aber es gab sie. So existieren von Sibylle Mertens- Schaaffhausen unter anderem Tagebucheinträge und andere private Schriftstücke mit sehr intimem Inhalt. Da mag es ihre Töchter und Söhne enorm gewurmt haben, dass ausgerechnet die Briefe an Freunde, Gelehrte, Künstler, Literaten, Sammler und die Freundinnen ihrem Zugriff entzogen worden waren. Weil aber sonst nichts mehr von ihrem Nachlass greifbar ist, verblasste über die Jahrzehnte auch die Erinnerung an die Frau, in deren Haus sich einst die geistige Elite aus Köln und Bonn traf.

Wer war Sibylle Mertens-Schaaffhausen? Eine außergewöhnliche Person, die vom Zeitpunkt ihrer Geburt an um ihren Platz im Leben kämpfen musste. Dabei waren die äußeren Umstände zunächst wunderbar. Sie wurde in eine Familie von Rang und Namen und Wohlstand hineingeboren. Das Bankhaus von Abraham Schaaffhausen zählte zu den wichtigsten Geldinstituten im Land, er saß wie sein Vater und Großvater im Kölner Stadtrat und gehörte zu den einflussreichsten Männern in der Stadt. Auch politisch hatte sein Wort Gewicht. Napoleon wollte Schaaffhausen 1800 während der französischen Besetzung zum Bürgermeister (Maire) machen. Das lehnte der Bankier höflich, aber bestimmt ab. Er habe für eine solche Aufgabe keine Zeit. Als Napoleon 1804 nach Köln kam, wollte er den selbstbewussten Untertanen kennenlernen. Zwischen den beiden Männern soll sich folgender Dialog entwickelt haben. Frage Napoleon: „Gibt es hier Millionäre?". Antwort Schaaffhausen: „Ja, Sire, aber seit 1797 ist keiner mehr dazugekommen." Die Franzosen herrschten seit 1794 in Köln.

Sibylle Schaaffhausen wuchs in einer Familie auf, in der viel Wert auf gute Erziehung und Bildung gelegt wurde. Sie spielte ausgezeichnet Klavier, sprach fließend Französisch, Italienisch und Kölsch. Ihr Vater liebte und förderte sie. Aber ihre leibliche Mutter lernte sie nie kennen. Sie war drei Tage nach Sibylles Geburt gestorben, der Vater heiratete drei Jahre nach deren Tod wieder. Mit ihren fünf Halbgeschwistern und der Stiefmutter kam Sibylle nicht gut klar. Sie sprach später davon, dass es unbeschreiblich hart gewesen sei, ohne Mutter und ohne Geschwister aufgewachsen zu sein. Wesentlich näher fühlte sie sich dem Vater und dessen Freunden. So lernte sie schon als Kind Ferdinand Franz Wallraf kennen. Überliefert ist, dass das Mädchen begeistert und ausdauernd mit den römischen Münzen – „Heideköpp" – aus Wallrafs Münzsammlung spielte. Über den Kunstkenner und Gelehrten lernte sie viel über Münzkunde, Stadtgeschichte, Kunst und Archäologie kennen. Komplett unglücklich verlief die Kindheit und Jugend von Sibylle wohl nicht.

Der nächste Lebensabschnitt sollte weniger spaßig werden. Ihr Vater verheiratete seine Älteste mit dem Bonner Kaufmann Johann Ludwig Joseph „Louis" Mertens. Da war Sibylle 19 Jahre alt, der Gatte 35. Es war eine reine Zweck-Ehe, Schaaffhausen brauchte einen tüchtigen Geschäftsführer an seiner Seite. Das war zu jenen Zeiten nichts Ungewöhnliches, aber diese Verbindung soll besonders unglücklich gewesen sein. Im Jahr 1824 starb Bankier Schaaffhausen. Er wurde in Schlebusch auf dem Gelände von Schloss Morsbroich, das ihm gehörte, beerdigt. Das Ehepaar Mertens-Schaaffhausen war grundverschieden. Louis soll grob und ungehobelt gewesen sein und völlig andere Interessen als seine Frau gehabt haben. Dass sie Kölsch sprach, war ihm suspekt. Er verbot ihr sogar, mit den Kindern in Mundart zu reden. In Sibylles Leben tauchten schon während ihrer Ehe Frauen auf, die mehr als gute Freundinnen waren. Mit Adele

Schopenhauer, Annette von Droste-Hülshoff, der englischen Schriftstellerin Anna Jameson sowie der genuesischen Adeligen Laurina Spinola pflegte sie mehr oder weniger intensive Beziehungen. Die intimste und längste Verbindung hatte sie zu Adele Schopenhauer, der Schwester des Philosophen Arthur Schopenhauer. Goethes Schwiegertochter Ottilie gehörte ebenfalls zu ihrem engsten Kreis, war aber keine ihrer Geliebten.

Trotz aller Klagen über die Zwänge in ihrer Ehe, die Annette von Droste-Hülshoff als „Höllenehe" bezeichnete, betrachtete Sibylle ihre Rolle und ihren Anteil am Scheitern der Verbindung zu Louis Mertens durchaus selbstkritisch. Nach dem Tod des Ehemannes schrieb sie in ihr Tagebuch: „Armer Louis! Auch ich war Dir kein Glück! ... Diese so ganz verschiedenen Ansichten, Tendenzen, Bedingungen und Wünsche konnten ja wohl nicht freundlich sich nebeneinander bewegen! ...Vergib mir es, wenn ich hemmend, störend in Dein Leben trat! Mein gebrochenes Lebensglück vergab ich Dir längst!" Mit ihren Freundinnen diskutierte Sibylle Mertens-Schaaffhausen zwar die Möglichkeit einer Scheidung, ernsthaft erwogen oder gar durchgeführt hat sie sie nicht. Daran hinderten sie ihr fester katholischer Glauben und das Wissen, dass ihre gesellschaftliche Stellung als geschiedene Frau gen Null tendieren würde.

Die Familie Mertens lebte zunächst im Schaaffhausenschen Haus in Köln in der Trankgasse. Später zog sie nach Bonn auf den Auenhof in Bonn-Plittersdorf. Abraham Schaaffhausen hatte das ehemalige Rittergut und spätere Kloster während der Zeit der Säkularisation gekauft und seiner Tochter als Teil ihrer Mitgift überlassen. Später kamen weitere Immobilien in Bonn dazu, unter anderem der „Zehnthof" bei Unkel als Sommerresidenz. Die „Rheingräfin" schätzte zudem das Leben in Italien sehr. Sie hatte in Rom eine Wohnung im Palazzo Poli hinter der „Fontana di Trevi". Ebenso wie in der Heimat umgab sie sich in Rom mit Künstlern, Literaten und Wissenschaftlern. Ihre „Herzensstadt" blieb aber Köln. Obwohl sie nicht mehr in ihre Heimatstadt zurückzog, hing ihr Herz an Köln, und sie verfolgte die Entwicklung in der Stadt sehr genau. Sie engagierte sich unter anderem ebenso wie Joseph Görres, Sulpiz Boisserée, August Reichensperger und Johann Maria Farina im Zentral-Dombau-Verein für die Vollendung des Kölner Domes und setzte sich für die Wiederbelebung des Kölner Karnevals ein. Als auf Initiative der „Olympischen Gesellschaft", in der ihr Vater Abraham sehr aktiv war, 1823 der erste Rosenmontagszug durch Köln zog, schrieb Sibylle unter dem Namen „Kölsche Marizibill" Verse in Mundart.

Die eigenwillige Kölnerin machte sich in Fachkreisen als Sammlerin und Expertin auf dem Gebiet der Numismatik und Gemmenkunde einen Namen. Sie stand außerdem mit führenden Archäologen und Historikern wie Theodor Mommsen in einem regen Austausch. Sibylle Mertens-Schaaffhausen beteiligte sich an archäologischen Ausgrabungen und veröffentlichte etliche wissenschaftliche Aufsätze in der Zeitschrift des „Vereins von Altertumsfreunden im Rheinland". Den Verein hatte sie mitbegründet. Wer weiß, ob sie sonst ihre Forschungsergebnisse hätte publizieren dürfen. Denn Frauen, die wissenschaftlich arbeiteten und auch noch öffentlich darüber sprachen, wurden häufig belächelt und nicht ernst genommen. Nicht selten wurde ihnen die Befähigung zu wissenschaftlicher Forschung schlicht abgesprochen. Davon, dass Frauen studierten, war man Mitte des 19. Jahrhunderts noch weit entfernt. 1896 durften sich erstmals Gasthörerinnen als sogenannte Hospitantinnen bei einigen deutschen Universitäten einschreiben. Pionier für das volle Immatrikulationsrecht war das Großherzogtum Baden. An den Universitäten Freiburg und Heidelberg konnten sich Frauen ab Februar 1900 als ordentlich Studierende einschreiben lassen. In Preußen war das erst ab 1908 möglich.

Dass Sibylle Mertens-Schaaffhausen weit mehr als eine ambitionierte Hobby-Gräberin war, bewies sie 1835 mit der Entdeckung eines Steinreliefs. Das Bruchstück zeigte die Darstellung eines Amazonenkampfes. Sie ließ Abdrücke anfertigen und sandte diese nach Berlin und London. Zunächst interessierte sich niemand dafür. Erst elf Jahre später, 1846, stellten Experten fest, dass das Stück vom Grabmal des Maussolos in Halikarnassos stammte. Dieses Mausoleum gehörte zu den „Sieben Weltwundern der Antike". Die Entdeckung der Kölner Bankierstochter befindet sich heute im Britischen Museum in London. Sibylle Mertens-Schaaffhausen starb am 22. Oktober 1857 im Alter von 60 Jahren in Rom. Dort wurde sie auf dem deutschen Friedhof, dem Campo Santo Teutonico, beerdigt.

– Peter Müller
(Müllers Aap) –

Mit einem Schlag zur Box-Legende

*Peter Müller (Müllers Aap) –
24. Februar 1927 in Köln
bis 22. Juni 1992 in Köln*

Peter Müller mag ein Allerweltsname sein. Aber in Verbindung mit dem Zusatz „De Aap" ist klar: Es kann nur einen geben. Der Boxer brachte es in den 1950er Jahren zu einem Bekanntheitsgrad, der dem von Bundeskanzler Konrad Adenauer kaum nachstand. Das verdankte der Mittelgewichtler nicht nur seinen Erfolgen als Boxer. Er gewann 133 von 176 Kämpfen. Er wurde fünfmal Deutscher Meister. Doch der ganz große Durchbruch blieb ihm versagt. Die Kämpfe um die Europameisterschaft verlor der „Pitter".

In den Augen vieler seiner Zeitgenossen war Peter Müller etwas viel Bedeutenderes als Europameister. Er war ein Original. Der Junge aus dem Griechenmarktviertel, damals ein Arbeiterviertel, war mit einem bodenständigen Humor gesegnet. Der geistig Beweglichste war er wohl nicht. Aber bei einem Boxer zählte in jenen Tagen Schlagkraft in den Fäusten mehr als Schlagfertigkeit in Diskussionen. Der Spitzname „De Aap" oder „Müllers Aap" leitete sich aus der gebückten, leicht tänzelnden Körperhaltung des Boxers im Ring, seiner dichten Brustbehaarung und wohl auch ein wenig von seinem Aussehen ab. Dass Müller berühmt, um nicht zu sagen berüchtigt wurde, verdankte er einem K.o., der nicht zu seinen Gunsten gewertet wurde, obwohl er sein Gegenüber lehrbuchmäßig zu Boden geschickt hatte.

Mit einem einzigen Schlag katapultierte sich der Faustkämpfer am 7. Juni 1952 in die Geschichtsbücher. Wir befinden uns im Kölner Eisstadion beim Kampf um die Deutsche Meisterschaft im Mittelgewicht. Peter Müller steht gegen Titelverteidiger Hans Stretz im Ring.

Und gegen den Ringrichter Max Pippow. Von Beginn an fühlt sich der Kölner durch die Entscheidungen des Ringrichters benachteiligt. In der achten Runde reicht es „Müllers Aap". Er holt aus, schlägt ansatzlos, bringt den rechten Haken satt ins Ziel. Pippow geht nach dem Schwinger zu Boden. 12.000 Zuschauer, Stretz und Müllers Betreuer ringen nach Atem, Pippow sowieso. Nur Peter Müller dreht jetzt so richtig auf. Einmal in Fahrt geht er auf seine Helfer los, die ihn besänftigen wollen. Auch sie werden mit Schlägen eingedeckt und bringen sich außerhalb des Ring-Gevierts in Sicherheit. Irgendwann gelingt es Müllers Betreuer Jupp Besselmann, den Tobenden einzufangen. Immerhin war Besselmann nicht irgendwer. Er gehörte in der Zeit um 1930 zur erfolgreichen Boxstaffel des „SC Colonia 06", hielt zwölf Jahre lang den deutschen Meistertitel im Mittelgewicht, war zwei Mal Europameister. Der Unterschied zu seinem Schützling hätte nicht größer sein können. Während seiner aktiven Zeit galt Besselmann als Gentlemen im Ring. Seinen letzten Meisterschaftskampf trug er 1949 auf der Radrennbahn des damaligen Müngersdorfer Stadions aus. Der 40-jährige Boxer verlor vor 25.000 Zuschauern gegen seinen 20 Jahre jüngeren Kontrahenten. Das war Peter Müller.

Für den standen nach seinem furiosen Kampf, in dessen Verlauf er auch seinen auf Schlichtung erpichten Manager und Schwiegervater Jupp Thelen angegriffen hatte, erst einmal alle Signale auf rot. Der Kölner Boxer wurde in dem Kampf disqualifiziert. Der Deutsche Boxverband sperrte ihn auf Lebenszeit. Überliefert sind zwei Kommentare von Peter Müller zum Fight. „Ich han för dä Ringrichter jesaht, wat trennste mich dann dauernd, do Jeck." Dazu muss man wissen, dass Meister Hans Stretz deutlich größer als Müller war. „Pitter" musste daher versuchen, unter die Deckung des Gegners zu gelangen. Aber immer dann, wenn er es geschafft hatte, Stretz im Nahkampf zu stellen, unterbrach Pippow den Kampf und trennte die Boxer. „Da hab ich ihn ausgemacht", sagte die „Aap". Die lebenslange Sperre schien ihn nicht sehr zu bekümmern, er fühlte sich im Recht.

Die Auszeit auf der „dunklen Seite der Macht" dauerte tatsächlich nur knapp ein Jahr. Während dieser Zeit fuhr Müller Taxi, schaufelte Kohlen und schlug sich als Catcher bei Veranstaltungen im damaligen Williamsbau an der Aachener Straße durch. Dass er „für keine

Arbeit fies" war, hatte er schon vor seiner Box-Karriere bewiesen. Nach dem Besuch der Volksschule arbeitete er als Melker in der Landwirtschaft auf einem Hof in der Eifel. Mit 20 Jahren wurde er Profiboxer, vorher gehörte er kurze Zeit zum Amateurlager. Der Deutsche Boxsport-Verband (DBV) soll dem jungen Sportler zunächst die Profilizenz verweigert haben, weil er wegen Diebstahls eine Bewährungsstrafe bekommen hatte. Die Lizenz erhielt er dann auch zunächst auf „Bewährung". Müller hatte geltend gemacht, die Sachen nicht für sich genommen, sondern sie bedürftigen Leuten geschenkt zu haben. Der Junge war talentiert und schlagkräftig. Und wenn dann ein gutes Herz dazukommt, wer will da noch über eine läppische Lizenz streiten? Ob sich die Geschichte tatsächlich so zugetragen hat, lässt sich nicht mit Sicherheit sagen.

Das gilt auch für einen Vorfall, bei dem die Kölner Verkehrs-Betriebe eine Rolle gespielt haben sollen. Peter Müller war mal wieder in Fahrt. Erst mit und dann in einer Straßenbahn. Dort soll er angeblich einen Kontrolleur umgehauen haben, weil der behauptet hatte, er kenne Peter Müller nicht. Das fasste der Boxer als Provokation auf, da doch seiner Meinung nach jeder ihn, den erfolgreichen Boxer, kennen müsse. Womöglich fühlte er sich auch lediglich zur sofortigen Beweisführung aufgerufen. Zu solchen Verrücktheiten neigte der Kämpfer durchaus. Um zu demonstrieren, dass eine Handverletzung ausgeheilt war, schlug er vor Zeugen mit aller Kraft gegen eine Stein-mauer.

Eine Art Bewährung war auch die „Notlizenz" des Verbandes West-deutscher Faustkämpfer, mit der „de Aap" im Mai 1953 in Köln wie-der im Ring stand. Den Kampf gegen den Briten Alex Buxton verlor er durch technischen K.o. Seine Fans jubelten ihm dennoch zu. Sie waren froh, dass der Publikumsliebling zurück war. Er begeisterte mit seiner unbekümmerten und unorthodoxen Art die Massen. Sein aufbrausendes Wesen und undiszipliniertes Verhalten empfanden die Leute wohl als Qualitätsmerkmale eines jungen Boxers. Unbestritten war er furchtlos im Ring und konnte hart und präzise zuschlagen. Nicht nur bei Ringrichtern, die ihre Deckung sträflich vernachlässig-ten. Im Ring war Müller kompromisslos, angriffslustig, ehrgeizig und stets auf Sieg aus. Aufstecken, selbst bei aussichtslos erscheinenden

Kämpfen, war seine Sache nicht. So etwas mochten die Zuschauer. Ende 1954 lenkte auch der Bundesverband ein, Müller wurde vollständig rehabilitiert.

Dass der durchgeknallte, nur 1,65 Meter große Deutsche mit dem riesigen Kämpferherz auch ein Garant für eine gute Show war, sprach sich offenbar bis nach Amerika herum. Er wurde zu Wettkämpfen eingeladen. Müller sollte die Erwartungen nicht enttäuschen. Allerdings anders als sich alle gedacht hatten. Den Fight gegen den Amerikaner Gene Fullmer, den späteren Weltmeister im Mittelgewicht, verlor er klar nach Punkten. Davon sprach hinterher kein Mensch mehr. Aber die Kunde von einer musikalischen Einlage des Kölner Boxers drang rasch bis in die Heimat. Peter Müller hatte nach einem Wettkampf auf seiner Mundharmonika die deutsche Nationalhymne intonieren wollen. Was die zuerst erstaunten, dann entsetzten Zuschauer zu hören bekamen, war allerdings das „Horst-Wessel-Lied", die einstige Parteihymne der Nationalsozialisten. „De Aap" hielt das Lied fälschlicherweise für das Deutschlandlied. Er entschuldigte sich für die Misstöne später mit den Worten: „Das hatte ich noch im Ohr." Lange wird er sich deswegen nicht gegrämt haben. Auch in Übersee behielt er sein sonniges Gemüt und seine Unbekümmertheit. Bundeskanzler Konrad Adenauer schickte er einst aus Buffalo ein Telegramm mit herzlichen Grüßen „von deinem Freund Peter Müller".

Jahre später erzählte Müller in einem Beitrag für den Bayerischen Rundfunk eine Geschichte über seinen Amerika-Aufenthalt, die schier unglaublich klingt. Weil er sich im Kampf gegen Gene Fullmer benachteiligt sah und weil er Heimweh hatte, sei er in Brooklyn zum Flughafen gefahren. Dort habe er sich aufs Rollfeld geschlichen und einen Arbeiter ausgeknockt, der gerade eine Transportmaschine belud. Müller will dann flugs in die offene Luke gehüpft und im Frachtraum bis nach Kopenhagen geflogen sein. Wie er von dort nach Köln gekommen sein will, berichtete er in dem Interview nicht. Die Geschichte von Nils Holgersson und seiner wundersamen Reise mit den Wildgänsen durch Schweden fand ja laut der Romanschriftstellerin Selma Lagerlöf wesentlich früher statt.

Sein Abschiedskampf fand am 2. September 1966 im Müngersdorfer Stadion statt. Müller hatte Jupp Elze herausgefordert. Es ging um die Deutsche Mittelgewichtsmeisterschaft. Aber nicht lange. In der zweiten Runde schickte Elze den Lokalrivalen auf die Bretter. Für den 39 Jahre alten „Pitter" war es zugleich der Abschied als Profiboxer. Aus Jux tauchte er später immer mal wieder im Ring auf. Bei Schaukämpfen und auch mal als Ringrichter.

Hauptberuflich stieg er nach seiner Boxkarriere gemeinsam mit seiner Frau Greta ins Spielautomaten-Geschäft ein. Unter anderem reparierte er in Kneipen Flipper und andere Geräte. Sie betrieben zudem ein kleines Obst- und Gemüselädchen. Auch als Box-Rentner erfreute er sich großer Beliebtheit. Er war ein gern gesehener Gast bei Karnevalsveranstaltungen. Nicht nur im Saal. Er ging auch als Büttenredner auf die Bühne. Trotz stimmlicher Defizite besang er acht Schallplatten. Darunter die Partykracher „Rädewumm, der Jung, der fällt nit um" und „Ring frei zur nächsten Runde, Ring frei, jetzt komme ich...". Er trat auch in Talkshows und Fernsehsendungen auf.

Am 22. Juni 1992 starb Peter Müller im Alter von 65 Jahren. Er wurde auf dem Südfriedhof beerdigt. Auf seinem Grabstein sind der Schriftzug Box-Champion und in der oberen linken Ecke ein Paar Boxhandschule eingraviert. Dabei war „de Aap" Rechtsausleger.

- Horst Muys -

Der liebe Jung aus Köln, sehr versaut

Horst Muys –
13. Juli 1925 in Mülheim an der Ruhr
bis 20. Juli 1970 in Köln

Auf dem Grabstein steht neben seinem Namen und den Lebensdaten der Zusatz: „Der liebe Jung aus Köln am Rhein". Das ist wie manches bei Horst Muys haarscharf daneben und doch nicht ganz verkehrt. Der Musiker und Komiker ist in Mülheim an der Ruhr geboren und in Duisburg aufgewachsen. Er ging in Düsseldorf und Köln zur Schule. Als „lieben Jungen" bezeichneten ihn zu Lebzeiten wohl nur wenige Zeitgenossen. Horst Muys polarisierte auf der Bühne, vor allem bei seinen Auftritten im Kölner Karneval wie kein zweiter Künstler. Die Urteile reichten von genial bis grässlich, von vergnüglich bis versaut, von ungezwungen bis unterirdisch. Dieser Vortragskünstler passte in keine Schublade.

Seine ersten Schritte im Showgeschäft lassen sich nicht eindeutig nachzeichnen. Muys selber behauptete, er habe die Schauspielausbildung bei Gustaf Gründgens in Berlin absolviert und danach an Theatern in Straßburg und Münster erste Erfahrungen gesammelt. Die Verbindung zu Gründgens darf bezweifelt werden. Dessen Entnazifizierungsverfahren dauerte bis 1946, ab 1947 arbeitete Gründgens als Generalintendant in Düsseldorf. Muys gehörte aber schon 1945 zum Ensemble des Kölner Millowitsch-Theaters. Sein komödiantisches Talent blieb unter anderem dem Musiker Günter Eilemann nicht verborgen. Er engagierte Horst Muys, der auch Kontrabass spielen konnte, 1952 für sein neues „Eilemann-Trio". Der dritte im Bunde war Karl-Heinz Nettesheim an der Rhythmus-Gitarre. Gleich im ersten Jahr landete das Trio mit dem Titel „Eetz kütt et rut rut rut" einen Hit. Den Erfolg der ersten Jahre verdankte das Eilemann-Trio auch der Bühnenpräsenz von Horst Muys. Allerdings entwickelte der Musiker eine fatale Nähe zum Kölner Rotlichtmilieu und einen Hang zu Alkohol und Glücksspiel. Seine Verbindungen zu schweren Jungs und leichten Mädchen wurden im Laufe der Zeit ruchbar. Mehr als einmal musste Bandleader Günter Eilemann den Kollegen im Morgengrauen aus Etablissements mit zweifelhaftem Ruf auslösen. Muys hatte gezockt und verloren. Mehr als sein Portemonnaie hergab. Dennoch blieb der Komiker am Bass etliche Jahre Teil des Trios, in dem Willy Schweden später Nettesheim ersetzte. 1961 trennte man sich, Muys machte solo weiter.

Der Künstler spielte kleinere Rollen in Film- und Fernsehproduktionen und trat im Hörfunk ebenso wie bei Kaffeefahrten nach Holland auf. Auf die ihm mit dem Eilemann-Trio vertraute Karnevalsbühne ging Muys als Redner und Sänger. Er trat zunächst als „Gilb des Kölner Karnevals" auf. Er nutzte die Stimmung der Menschen in den 1950/1960er Jahren, in denen sich so allmählich die Verklemmtheit bei erotischen Dingen löste. Zumindest dann, wenn es für einen selber unverfänglich war und man über deftige Witze und anzügliche Bemerkungen, die jemand anders öffentlich zum Besten gab, lachen durfte.

Die Rollen waren klar verteilt. Auf der Bühne agierte das Schandmaul Horst Muys, der Unaussprechliches und Versautes locker und unbekümmert in die Runde warf. Im Saal saß das Publikum, das ihm den Gefallen tat und sich über die Ferkeleien amüsierte. Sie wussten Bescheid, hatten so etwas in der Art schon mal in der Kellerbar gehört, würden so etwas selbstverständlich nie selber tun. Der Redner ging bewusst unter die Grenze dessen, was sich schickte, was manierlich war. Zu seiner Ehrenrettung muss gesagt werden, dass ihn die Literaten und Präsidenten der Gesellschaften nicht selten mit den Worten „Dun jet Peffer dran, der Saal es zo ruhig" geradezu aufstachelten. Für zusätzlichen Kitzel bei seinen Zuhörern sorgte die Tatsache, dass Horst Muys bei seinen Schilderungen aus dem Milieu mit Informationen aus erster Hand protzen konnte.

Er geriet mehrmals mit dem Gesetz in Konflikt. In seinem Strafregister waren unter anderem Schlägereien, nicht bezahlte Schulden,

Trunkenheit am Steuer, Unterhaltsentzug und Widerstand gegen die Staatsgewalt aufgelistet. Es müssen schon ein paar größere Kaliber dabei gewesen sein, denn Muys landete mehrmals im Kölner Gefängnis Klingelpütz. Die Zeit im Knast nannte er „Urlaub im Hotel zu den sieben Stäben".

Lange Zeit sah es so aus, als würde ihm das Publikum alles verzeihen. Dem Schelm mit dem losen Mundwerk, der über sich und seine Missetaten selber am heftigsten lachte, konnte doch niemand böse sein. Doch konnte man. 1968 tauchte er auf einer Herrensitzung mit einer Rede auf, die zwar in typischer Muys-Manier unter anderem Witze auf Kosten von Minderheiten, Prostituierten, Geistlichen, Nonnen und Homosexuellen enthielt, aber in der vorgetragenen Form doch zu weit unter die Gürtellinie ging und zu weit vom Pfad des guten Geschmacks abwich. Etliche im Publikum, allen voran Oberbürgermeister Theo Burauen, verließen den Saal. Das machte Burauen fortan immer, wenn Muys angekündigt wurde. Noch bevor der ein Wort gesagt oder gesungen hatte, war das Stadtoberhaupt draußen. Zunächst kam Burauen gar nicht in die Verlegenheit aufzustehen und zu gehen. Nach dem Eklat auf der Herrensitzung erteilte das Festkomitee Kölner Karneval Horst Muys Auftrittsverbot. Das wiederum brachte die Muys-Fans in Rage. Die Sache sorgte sogar jenseits der Karnevalsbühne für Zündstoff. Als der damalige Landtagspräsident John van Nes Ziegler den Redner zu einer Feier in den Düsseldorfer Landtag holte, wackelten in der Kölner SPD-Zentrale die Wände. Geschadet hat es van Nes Ziegler nicht. Er folgte Burauen 1973 als Oberbürgermeister von Köln.

Horst Muys überstand die Saalsperre, die im November 1969 aufgehoben wurde, prächtig. Frei nach dem Motto – „ist der Ruf erst ruiniert, lebt es sich gänzlich ungeniert" – bildete er mit dem Kabarettisten und Karnevalisten Harry Fey, der als „Glöckner vom Rathausturm" ebenfalls nicht durch Zimperlichkeit auf der Bühne aufgefallen war, das Duo „Wildsäue". Der Name war Programm. Ihre zweideutigen, vorsorglich als „nicht jugendfrei" gekennzeichneten Lieder kamen beim Publikum an. Die Schallplatten der „Wildsäue" wurden allerdings nur unter der Ladentheke verkauft. Kein Wunder bei Titeln wie „Die Wildsauereien" oder „Die Wildsäue. Schweinische

Witze". Der Mann mit der Lizenz zum Frivolsein trat auch an der Seite des Entertainers Wolfgang Reich im Senftöpfchen-Theater in der Komödie „Humoris Causa + Sex" auf. Theaterleiter Fred Kassen lotete damit die Möglichkeiten des erotischen Theaters aus.

So schnell wie Muys das Geld verdient hatte, so rasch rann es ihm durch die Finger. Das Wort „Schulden" wurde sein zweiter Vorname. Die Leute vom Finanzamt zu seinen Schatten. Damals war es nicht ungewöhnlich, dass die Künstler direkt nach ihrem Auftritt die Gage in bar erhielten. Das wussten auch die Finanzbeamten und warteten geduldig hinter der Bühne auf Muys, um per Taschenpfändung zuzugreifen. Der hatte sich aber nicht selten schon während des Schlussapplauses aus dem Staub gemacht.

Große Erfolge erzielte Muys auch als Sänger. Das Lied „Ich ben ene kölsche Jung" ist mittlerweile untrennbar mit Willy Millowitsch verknüpft. Die gefühlvollste Version lieferte aber 1968 Horst Muys ab. Seine Interpretation des 1962 von Fritz Weber geschriebenen Liedes war mehr gesprochen als gesungen. Der sonst so ungezügelte und nicht zu bändigende Mann offenbarte eine bis dahin kaum gezeigte Tiefe und Verletzlichkeit. Die war echt, er nahm das Lied einen Tag nach dem Unfalltod seines zehnjährigen Sohnes auf.

In der Session 1969/1970 feierte Horst Muys einen selbst von Fachleuten nicht erwarteten Erfolg. Er sang das Lied „Ene Besuch em Zoo" und belegte damit den ersten Platz in der karnevalistischen Hitparade des WDR. Der von Hans Knipp komponierte und getextete Stimmungstitel wurde bundesweit zum Gassenhauer und im Handumdrehen waren über 120.000 Schallplatten verkauft. Kurioserweise hatte Knipp den Titel zuvor wie Sauerbier in Musikerkreisen angeboten. Alle winkten ab, niemand wollte sich mit dem eher seichten Text blamieren. Allein Horst Muys hatte keine Berührungsängste. Er erklärte dem verdutzten Komponisten: „Ich han ald esu vill Dress jesunge, dann kann ich dat och noch singe!"

Horst Muys überlebte sein Kind nicht lange. Er starb am 20. Juli 1970 an den Folgen eines Magendurchbruchs. Zu seiner für September bereits vereinbarten Rückkehr auf die Bühne des Millowitsch-

Theaters kam es nicht mehr. Produzent Otto Hofner hatte Muys für das Stück „Die Perle Anna" engagiert. Die weibliche Hauptrolle spielte Trude Herr. Das wäre spannend geworden. Wie Muys kannte Trude Herr das Leben der von der Gesellschaft abgehängten Menschen. Beide wandten sich jedoch nicht ab, sondern hegten Sympathien für diese Lebensformen. Wenngleich Trude anders als Muys die Komplettabstürze mit Gefängnisaufenthalten ausließ.

Zur Beisetzung von Horst Muys auf dem Friedhof Melaten kamen schätzungsweise 7.000 Menschen. Darunter Freunde, Weggefährten und Kollegen wie Lotti Krekel, Boxer Peter Müller, Gerhard Jussenhoven und Wolfgang Reich. Die Trauerrede hielt der ehemalige Festkomiteepräsident Thomas Liessem. Hinter dem Sarg gingen Vertreter aus dem Milieu, dem Karneval, der Politik und der Verwaltung. Zum Schluss schlug das Schicksal noch eine Kapriole wie gemacht für Horst Muys. Die Friedhofsgärtner hatten bereits angefangen, das Grab zuzuschaufeln, bevor alle Trauernden bis ganz nach vorne durchgedrungen waren. So kam es am halboffenen Grab zu handfesten Keilereien. Das hätte dem „lieben Jung aus Köln am Rhein" gefallen.

Horst Muys polarisierte noch über seinen Tod hinaus. Die Idee, ihm einen Gedenkbrunnen zu errichten, wurde nie realisiert. Es gab zwar ein Kuratorium, das sich darum kümmern sollte und auch 1500 Mark gesammelt hatte. Aber als sich die erste Trauer über den Tod des Künstlers mit den Ecken und Kanten gelegt hatte, bekamen einige in dem Gremium offenbar kalte Füße. Der Plan wurde auf Eis gelegt. Er ist nie wieder aufgetaut worden. Das Geld wurde in die Grabpflege gesteckt.

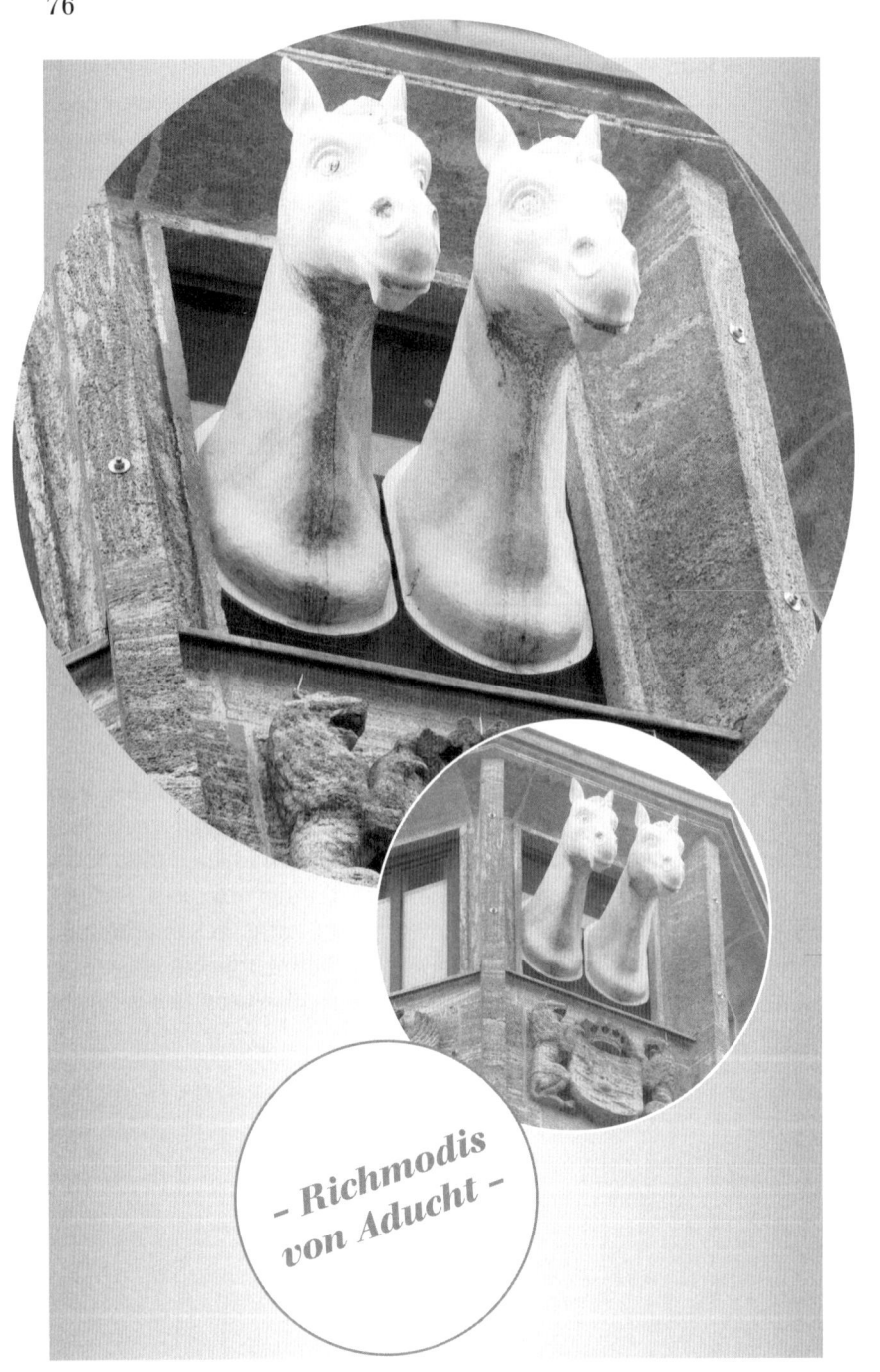

- Richmodis
von Aducht -

Tot oder nicht tot?
Fragt die Pferde!

Richmodis von Aducht – lebte Mitte des 14. Jahrhunderts in Köln

Ohne die populäre Kölner Sage wäre die Frau mit an Sicherheit grenzender Wahrscheinlichkeit längst vergessen worden. Aber aus den Zutaten Pest und Tod, reich und klug, Verbrechen und Vergebung und dazu noch Tiere mit außerordentlichen Fähigkeiten ließ sich eine schaurig-schöne Bestsellergeschichte weben. Es geht um Richmodis von Aducht und die sich um ihre Person rankende Sage.

So präsent diese Geschichte in der Überlieferung ist, so spärlich sind die Informationen zu Richmodis von Aducht. Sie lebte etwa Mitte des 14. Jahrhunderts in Köln und gehörte zum wohlhabenden Familienclan derer von Lyskirchen. Sie heiratete den angesehenen und politisch einflussreichen Ratsherrn Mengis von Aducht. Chronisten datieren ihre Hochzeit in St. Aposteln ins Jahr 1346. Viel bedeutender als dieses Datum ist das Jahr 1357. In diesem Jahr starb Richmodis. Genauer gesagt, sie starb nicht. Noch genauer: Alle dachten, sie sei gestorben. Aber der Reihe nach.

In Köln wütete zu dieser Zeit die Pest. Nicht zum ersten Mal suchte die Geißel der Menschheit, der „Schwarze Tod", die Männer, Frauen und Kinder in der Stadt am Rhein heim. Die erste große Pestwelle erreichte Köln im Sommer 1349. Die Menschen starben wie die Fliegen. In ganz Europa tobte die Seuche. Auf dem Kontinent sollen binnen zwei Jahren etwa 25 Millionen Menschen dahingerafft worden sein. Die Ärzte eilten von Krankenlager zu Krankenlager, ohne wirkungsvoll helfen zu können. Die Priester kamen mit ihren Totenmessen und Fürbitten nicht hinterher. Die Totengräber hatten

Hochkonjunktur. Die Angst vor Ansteckung lähmte die Menschen. Wer sich infiziert hatte, war dem Tod geweiht. Zu den Unerschrockenen, die den Kranken und Sterbenden Hilfe leisteten, gehörte die Patriziergattin Richmodis von Aducht. Sie überstand diese Epidemie, ohne sich mit der Beulenpest anzustecken.

Als die grauenhafte Seuche 1356/57 zurückkehrte, erwischte es auch Richmodis. Von einer ihrer Samariterinnen-Touren kehrte sie eines Abends ermattet und fiebernd zurück. Wenige Tage später war sie tot. Jedenfalls bewegte sich die Pfauenfeder, die ihr ein herbeigerufener Arzt vor die zusammengepressten Lippen hielt, nicht. Da war nichts mehr zu machen. Sein Rat: Rasch Abschied nehmen, Totengräber bestellen, Leiche aus dem Haus schaffen und beerdigen. So geschah es. Wenig später rumpelte der Wagen mit dem Sarg der Toten auf der Ladefläche über das Kopfsteinpflaster zum Friedhof an der Apostelnkirche. Der Sarg wurde mit vier Nägeln verschlossen und in der Totenhalle deponiert. Am nächsten Tag sollte er in die Grabkammer gelegt werden.

Hier zeigen sich erste Verästelungen in der Überlieferung der Sage. Es gibt auch Versionen, da wird der Sarg mit der toten Richmodis bereits unmittelbar nach ihrem Tod in die Erde versenkt. Auf jeden Fall sollen die Totengräber des Nachts heimlich wieder zu der Verstorbenen geschlichen sein. Es war ihrem wachen Blick nicht entgangen, dass in den Sarg nicht nur der Leichnam, sondern auch der wertvolle Schmuck der vornehmen Dame gelegt worden war. Vor allem ein prächtiger Ring mit funkelndem Edelstein war den Gesellen ins Auge gesprungen. Sie öffneten den Deckel, und einer der finsteren Typen versuchte, der Toten den kostbaren Ring vom Finger zu ziehen. Plötzlich ergriff ihn leichtes Schaudern. Die Hand war nicht wie erwartet eiskalt, sondern warm. Was ging hier vor sich? Während er noch grübelte, was das zu bedeuten habe, bewegten sich die Finger. Starr vor Schreck sahen die Banditen, wie sich die Gestalt, aus der doch vor wenigen Stunden jegliches Leben gewichen war, langsam aufrichtete. Mehr noch: Sie öffnete die Augen und flüsterte: „Mir ist so kalt." Kein Wunder in dem dünnen Totenhemd und nach ein paar Stunden im ungeheizten Sarg. Wie es weiterging, haben die Ganoven nicht mehr gesehen. Sie ergriffen von wilder Panik gepackt die Flucht. Ihre

Schreie holten Richmodis vollends in die Wirklichkeit zurück. Keine Minute wollte sie länger an diesem düsteren Ort bleiben. Sie kletterte aus dem Bretterverhau, schnappte sich eine der Laternen, die die Grabräuber bei ihrem überhasteten Aufbruch fallengelassen hatten, und machte sich barfuß auf den Weg zu ihrem nicht weit entfernt liegenden Haus in der Nähe des Neumarktes. Natürlich war um diese Zeit niemand sonst auf der Straße. War vielleicht auch besser so, denn ihr Anblick hätte Teile der Bevölkerung wahrscheinlich verunsichert.

Richmodis erreichte schließlich das große Haus und zog an der Hausglocke. Es dauerte eine Weile, bis sie jemanden vom Gesinde aus dem Bett geläutet hatte. Als der Knecht fragte, wer mitten in der Nacht Einlass begehre, sagte sie: „Ich bin es, deine Herrin. Mach' auf." Nichts lag dem Mann ferner, er rannte stattdessen wieder ins Innere des Hauses. Aber wer dem Sarg entkommen ist, gibt so schnell nicht auf. Sie zog unermüdlich an der Glocke und hämmerte gegen die Tür. Sie wollte um jeden Preis von der Straße weg in ihr Heim. Außerdem fror Richmodis in ihrem Leichenhemd erbärmlich. Irgendwann war auch ihr Ehemann Mengis von dem Krach aufgewacht. Er brüllte auf die Straße hinab, wer um alles in der Welt zu nachtschlafender Zeit so einen Radau mache. Richmodis Antwort: „Ich bin es, deine Frau. Ich bin wieder da, lass' mich rein, mir ist kalt", überzeugte ihn nicht. „Meine geliebte Gattin ist tot. Ehe sie aus dem Sarg zurückkehrt, werden meine Schimmel die Stufen zum Turm hinaufklettern und oben auf dem Turmspeicher stehen und aus den Fenster schauen." Kaum waren seine Worte verklungen, drang Hufgetrappel über den Hof. Einen Augenblick später stieben die Rösser die Stiege hoch und kletterten bis hinauf auf den Speicher. Dort steckten sie ihre Köpfe aus der Luke und wieherten vergnügt in die Nacht hinein.

Da war Mengis von Aducht überzeugt, rannte nach unten, riss die Tür auf und schloss seine Frau in die Arme. Sie war es tatsächlich, und sie lebte. Sie sah zwar etwas ramponiert aus und war unpassend gekleidet, aber den Klunker am Finger erkannte er auf Anhieb. In dem Freudentaumel hätten sie fast die Pferde vergessen. Damit die Sage einen vernünftigen Schluss bekam und die arme Frau nicht doch noch zu guter Letzt in der Kälte den Tod fand, waren sie zwar flugs auf den Speicher gerannt. Aber von rückwärts die Stufen in dem engen Treppenhaus zurückgehen, davon hatte niemand etwas erzählt. Umdrehen ging in dem engen Speicher nicht. Mit vereinten Kräften wurden die Schimmel durch die Turmluke bugsiert und mit dem Flaschenzug zur Erde gebracht. Richmodis erholte sich von allem und lebte mit Mengis und den später geborenen Söhnen glücklich und zufrieden weiter. So weit die Sage.

Die Geschichte der wundersamen Auferstehung der Richmodis von Aducht wurde nicht nur von Erzählern und Bänkelsängern unters Volk gebracht. Sie fand Eingang in die älteste gedruckte Stadtchronik Köln, der Koelhoffschen Chronik. Der Drucker Johann Koelhoff der Jüngere stellte sie 1499 in einer Auflage von 250 Exemplaren her. In der „Cronica van der hilligen Stat Coellen" steht tatsächlich etwas über eine „Vrouwe zu Coellen, die gestorven ind begraven was ind weder upgegraven levendich wart." Bildlich dargestellt wurde die Geschichte der Richmodis in dem Anfang des 17. Jahrhundert angefertigten Kupferstich aus der Werkstatt von Gerhard Altzenbach. Er schuf das Werk nach einem Wandgemälde einer Pfarrkirche, der sogenannten „Halle". Sie stand an der Nordseite von St. Aposteln und wurde 1786 abgebrochen. Altzenbach war ein Kölner Verleger, Kunst- und Buchhändler und besaß eine Kupferstecherei. In dem Buch „Deutsche Sagen" der Brüder Jacob und Wilhelm Grimm findet man die Geschichte der „Richmuth von Adocht" unter der Überschrift „Die Pferde aus dem Bodenloch".

Was ist dran an der Geschichte von der Wiederauferstehung? Ist die Samariterin, die sich ohne Rücksicht auf die eigene Gesundheit um die Kranken kümmerte, von einer höheren Macht für ihre Barmherzigkeit schon auf Erden belohnt und dem „Schwarzen Tod" aus den Klauen gerissen worden? Wer weiß? Naheliegender scheint indes, dass Richmodis zwar sehr krank und extrem geschwächt war, aber eben nicht tot, sondern nur scheintot. In Köln herrschte aufgrund der Pest-Epidemien im Mittelalter das absolute Chaos. Bei der riesigen Zahl der Todesopfer blieb für eine ausführliche und gründliche Leichenschau wenig Zeit. So erklärt sich, dass womöglich manch ein entkräfteter Mensch noch zu Lebzeiten in die Grube gelegt wurde.

Die Krankheit war widerlich, die Infizierten sahen fürchterlich aus und stanken erbärmlich, eben „wie die Pest". Der Tod war allgegenwärtig, die Ärzte machtlos. Man wusste zunächst noch nicht einmal, was die Pest auslöste. In Köln und anderen Städten beschuldigten die Menschen die Juden. Sie hätten die Brunnen vergiftet und seien so für den Ausbruch der Seuche verantwortlich. Waren sie natürlich nicht. Erst 1884 wurde der Erreger, der Pestbazillus, entdeckt. Überträger des hochansteckenden Bakteriums sind Insekten, vor allem Flöhe. Sie können die Bakterien zum Beispiel von Ratten auf Menschen schleppen.

Richmodis hatte Glück im Unglück. Habgier mit anschließender Leichenfledderei rettete ihr Leben. Lebendig geblieben ist auch die Richmodis-Sage. Ein großes Geschäftshaus am Neumarkt/Ecke Richmodstraße in der Kölner City trägt den Namen Richmodis-Haus. Teil des Komplexes ist der achteckige Richmodis-Turm, bei dem zwei Pferdeköpfe oben aus dem Fenster blicken. Diese wurden 1958 von dem Bildhauer Wilhelm Müller-Maus gestaltet. Das Heim von Richmodis und Mengis von Aducht befand sich einst ganz in der Nähe dieses Gebäudes. Das Ehepaar lebte im Haus „Zum Papageien" an der Ecke Neumarkt und Olivengasse (der heutigen Richmod-Straße). Der Name des Hauses leitete sich vom Wappen der Patrizierfamilie ab, auf dem drei vogelartige Tiere, wahrscheinlich Papageien, abgebildet waren. Neben dem Aducht-Anwesen stand der Hof der Familie Hackeney. Deren Wappentiere waren Schimmel als Glücksbringer. Womöglich sind die Pferde quasi von Nachbar zu Nachbar in die Richmodis-Sage galoppiert. Der Treppenturm des Richmodis-Hauses wurde 1928 gebaut, das ganze Ensemble wurde während des Zweiten Weltkrieges fast völlig zerstört und musste 1958 restauriert werden.

...ng zwischen Friesenplatz und Ch...

...ei Uhr – die Ring-Schlac...

Die Schäfers Nas

langte hin – und

da war Dummse Tü

...olizei erfuhr nu...

– Heinrich Schäfer
(Schäfers Nas) –

Unterweltkönig half dem Dompropst

Heinrich Schäfer –
1936 in Köln bis 1997 in Köln

Fast zwei Meter groß, 140 Kilo Kampfgewicht, über 20 Narben am ganzen Körper: Heinrich Schäfer, Straßenname „Schäfers Nas", war einst der Unterweltkönig von Köln. „Ruhm kennt keine Gnade" hatte er sich auf den Arm tätowieren lassen. Von den späten 1950er bis hinein in die frühen 1970er Jahre, aber vor allem in den 1960er Jahren waren einige Bereiche der Stadt fest in der Hand der Unter- und Halbwelt. Im Rotlichtmilieu blühten Prostitution, Zuhälterei, Raub, Glücksspiel, Hehlerei, Einbruch, Überfälle und sogar Mord- und Totschlag.

Wer skrupellos, abgebrüht, brutal, aggressiv, stark und clever war, konnte es in dieser Parallelwelt zu etwas bringen. Ein Karriereplan wie gemacht für den Mann, den Zeitgenossen mal als „Urvieh", mal als „Schläger", mal als „Drecksack" bezeichneten. Schäfers Nas verdankte seinen Spitznamen seiner riesigen Nase. Im Milieu wurde nicht mit Klarnamen operiert. Die Typen hießen Lange Tünn, Karate Jacky, Abels Män, Tapeten Toni, Zementkopp, Frischse Pitter oder Tillse Hänz. Der Konkurrent von Schäfers Nas in der Frage, wer die Nummer 1 im Kriminalitäts-Sumpf war, hieß Anton Dumm, genannt Dummse Tünn. Ihm ist in diesem Buch ein eigenes Kapitel gewidmet. Gelegentlich kreuzen sich die Wege der beiden Zuhälter auf den folgenden Seiten – wie einst im richtigen Leben.

Schäfers Nas arbeitete als junger Mann am Hafen und auf dem Bau, dann wurde er Türsteher in der Bar „Eve". Die gehörte neben anderen Etablissements dem bekannten Gastronomen Hans Herbert Blatzheim.

Je größer dessen Imperium mit dem Varieté-Theater „Kaiserhof", dem Revue-Theater „Groß-Köln", dem Volksvarieté „Der Burghof" in Köln, den „Crazy"-Clubs, „Tabu"-Nachtlokalen und „Eve"-Bars in ganz Deutschland wurde, desto mehr bekam auch Schäfers Nas zu tun. Er sorgte dafür, dass es in den Lokalitäten keinen Ärger gab. Gelegentlich war er als Leibwächter und Fahrer für Blatzheim im Einsatz. Nach dessen Hochzeit 1953 mit der Schauspielerin Magda Schneider, offerierte die Nas diese Dienstleistungen auch deren Tochter Romy Schneider. Drolligerweise steht auch in der Vita vom Dummse Tünn, dass er von „Daddy Blatzheim" eine Zeitlang als Leibwächter für Stieftochter „Romy-Sissi" engagiert worden war.

Schäfers Nas blieb bei all diesen Jobs offenbar noch genügend Zeit, Raum und vor allem Kraft, um sich als erfolgreicher Zuhälter zu etablieren. Bundesweite Berühmtheit erlangte die Unterweltgröße durch eine Tat, die in eine gänzlich andere Welt, ja andere Galaxie gehört. Wir verlassen kurz die Bordelle im Friesenviertel und die Bars auf den Ringen und springen ins Jahr 1996 in den Kölner Dom. Aus der Domschatzkammer wurde ein wertvolles Vortragekreuz, das beim Einzug der Metropoliten in den Dom getragen wird, gestohlen. Die Nas, nach eigenen Angaben zu dieser Zeit Privatier, nutzte ihre exzellenten Kontakte in der Szene und beschaffte das Kreuz binnen weniger Tage. Seine Witwe Petra erzählte einige Jahre nach seinem Tod in einem Interview, dass ihm das Kreuz von den Dieben als Hehlerware angeboten worden sei. So oder so. Der Hüne soll in seiner Ganovenehre tief getroffen gewesen sein. „Den Dom beklät mer nit!". Eigenhändig übergab er das wertvolle Stück dem damaligen Dompropst Bernard Henrichs. Die vom Erzbistum Köln ausgelobte Belohnung von 3.000 Mark für die Wiederbeschaffung lehnte der Finder ab. „Er war aufrichtig empört, dass jemand dem Dom etwas weggenommen hat", erinnerte sich Henrichs später.

Das Angebot des Dompropstes, für Schäfer eine Messe zu lesen, nahm dieser an. „Ja, das tut meiner schwarzen Seele gut", soll die Nas gesagt haben. In dieser Messe verriet Henrichs, dass er die Bemerkung des Wohltäters, er habe „ein paar Pferdchen laufen" zunächst missverstanden habe. Der volksnahe Kirchenmann dachte, es handele sich um Aktivitäten auf der Kölner Galopprennbahn.

Kehren wir zurück in die aktive Zeit des Mannes mit der „schwarzen Seele". Wo er auftauchte, brannte die Luft. Der Koloss mit einem „Kopf wie ein Ochse, breitem Kreuz, Füßen wie ein Orang-Utan und Händen wie Streitäxte" hinterließ einen bleibenden Eindruck. Wenn es etwas zu regeln gab, wurde nicht lange gefackelt. Sein Motto: „Wer zuerst zuschlägt, hat gewonnen." Kumpane von früher erinnern sich nicht, dass er je verloren hat. Auch nicht das große Kräftemessen mit seinem einzigen nennenswerten Widersacher, dem Dummse Tünn. Lange Zeit waren sich die beiden aus dem Weg gegangen. Die Nas hielt ihre bratpfannengroßen Hände über das Friesenviertel und die Kölner Ringe, der Tünn war eher auf der anderen Rheinseite unterwegs. Ende September 1975 kam es dann doch zum Showdown der Milieufürsten. Für das Duell der beiden Rotlichtgrößen brauchte es zwei Anläufe. Der erste Akt fand fast schon nicht mehr auf Kölner Stadtgebiet statt. Um zwei Uhr in der Nacht sollte es am Köln-Bonner-Verteiler zum Schlagabtausch kommen. Schäfers Nas war da, der Tünn nicht.

Schäfers Gefolgsleute schwärmten aus und wurden fündig. Der Dummse Tünn hatte sich in einem der Läden im Hoheitsgebiet von Schäfers Nas breit gemacht. Über die weiteren Details existieren mehrere Versionen. Mal heißt es, die Geschichte sei noch in der gleichen Nacht weitergegangen, andere Aussagen sprechen davon, es sei erst am nächsten Abend gewesen. Mal soll es das „Le Journal" gewesen sein, mal ist vom „Happy Day" die Rede. Mal soll der Tünn einen auf dicke Hose gemacht und den Kontrahenten mit den Worten „er solle nur kommen, dann gebe es was auf die Nuss", regelrecht herausgefordert haben, mal ist Tünn einfach nur aufgespürt worden. Sicher ist, dass es auf dem Hohenzollernring vor großer Zuschauerkulisse zum Kampf gekommen ist. Sieger in der ersten Runde: Schäfers Nas. Ein rechter Haken reichte, um den Dummse Tünn zu Boden zu schicken. Der soll allerdings schon eine Flasche Whiskey intus gehabt haben. Dennoch reichte die Kraft noch aus, der schon im Weggehen begriffenen Nas hinterher zu hechten und sich mit eisernem Griff in dessen Oberschenkel zu verkrallen. Erst ein weiterer Schlag auf den Kopf machte dem Duell ein Ende. Den mittlerweile alarmierten Polizisten sagten sie: „Hier ist nix passiert, wir haben nur eine Partie gekegelt." Die „Ringschlacht des Jahres" wie die Boulevardpresse titelte, war entschieden. Die Kräfteverhältnisse waren geklärt und die Unterwelt am Ring wieder in Ordnung.

Für einen in der Szene so omnipräsenten und prominenten Out-Law wie Heinrich Schäfer mutet es fast schon kurios an, dass er nur einmal im Gefängnis landete. 1984 wurde er wegen gefährlicher Körperverletzung, Vergewaltigung, Zuhälterei und Freiheitsberaubung zu acht Jahren Freiheitsstrafe verurteilt. Er saß in Köln-Ossendorf und in Remscheid im Knast.

Die Nas tauchte übrigens nur beruflich in den Bars, Buden und Bordellen auf. Anders als die meisten aus der Luden-Gilde zog er nicht zum Vergnügen durch die Hinterhöfe. Er zockte nicht, er trank nicht, er kokste nicht. Er machte sich in Köln rar, lebte später mit seiner Frau Petra und den Rottweilern in einem Haus in Koblenz-Metternich. Wenn er privat in der Stadt war, zog es ihn in den Rheinauhafen auf sein Schiff. Schäfers Nas hatte sich 1973 das Motorschiff „Colorado" gekauft. Das war 1945 in Bremen als Torpedo-Abfangboot und als eins der letzten Kriegsschiffe vom Stapel gelaufen. Der neue Eigner ließ es zwei Jahre lang zur Yacht umbauen. Allein der Umbau soll laut Petra Schäfer knapp 500.000 Mark gekostet haben. Dafür hatte das 22 Meter lange und vier Meter breite Schiff auch ein schwarzgekacheltes Badezimmer mit vergoldeter Runddusche und vergoldeten Armaturen, Mikrowelle, Gefrierschrank, Eichenholzvertäfelung, Elektroheizung und ein Bett mit Leopardenfellbezügen. Ein Gutachten schätzte den Wert des Schiffes 1975 auf 800.000 Mark. Bei seiner Zwangsversteigerung im Jahr 2004 brachte es nur 41.000 Euro. Es lag nach dem Tod von Kapitän Schäfer ungenutzt im Rheinauhafen. Die Liegegebühren waren im Laufe der Jahre auf mehr als 8500 Euro angelaufen. Weil es noch mehr unbezahlte Rechnungen gab, kam es zur Zwangsversteigerung vor dem Kölner Amtsgericht.

Storys wie diese und die vom wiederbeschafften Kreuz sorgten dafür, dass um die Person Heinrich Schäfer schon zu Lebzeiten so etwas wie eine Legendenbildung einsetzte. Plötzlich umwehte ihn und andere Verbrecher ein Hauch von Verwegenheit und Verruchtheit. Motto: „Es waren harte und brutale, aber auch interessante und wilde Zeiten." Wenn es Nacht wurde, zogen unerschrockene Männer durch die Stadt. Männer, die ihre Fäuste sprechen ließen, aber Schusswaffen und Messer ablehnten und so etwas wie Ganovenehre hatten. Theaterchef Peter Millowitsch brachte 1998 das Stück „Der König vom Friesenplatz" auf die Bühne. Im Mittelpunkt steht der Zuhälter Hein Schäfer. Nach dessen Tod soll eine Jury, in der Lady Di, Robin Hood, Agrippina und Al Capone sitzen, entscheiden, ob Hein in den Himmel oder in die Hölle kommt. Ähnlichkeiten mit dem realen Heinrich waren gewollt.

Schäfers Nas starb im Alter von 61 Jahren an Herzversagen. Ganz unspektakulär in einem Krankenhausbett. Seine Asche hat seine Witwe Petra in der Nordsee verstreut. Bürokratisch korrekt mit einer Urkunde zur Seebestattung.

– Johann
Adam Schall
von Bell –

Mandarin erster Klasse aus Köln

Johann Adam Schall von Bell –
1. Mai 1592 in Köln
bis 15. August 1666 in Peking

Im Schatten der Minoritenkirche in Köln steht eine Skulptur aus weißem Marmor, die an einen Kölner erinnert, der im 17. Jahrhundert zu einem Mittler zwischen zwei Welten wurde. Der Theologe und Wissenschaftler Johann Adam Schall von Bell verbrachte mehr als die Hälfte seines Lebens in China. 1623 kam der Jesuitenpater nach Peking. Der Missionar und Astronom wurde zu einem der wichtigsten Berater am chinesischen Kaiserhof.

Johann Adam Schall von Bell entstammte einer alten Adelsfamilie aus dem Rheinland. Die Wurzeln lassen sich bis ins 12. Jahrhundert zurückverfolgen. Die Ahnenreihe beginnt mit Rupert Schallo, der als Hausbesitzer in den Kölner Pfarreien St. Aposteln und St. Laurentius auftaucht. Irgendwann kommt das Gut zu Horbell dazu. Aus dieser Kombination leitet sich der spätere Familienname „Schall von Bell" ab. Belegt sind familiäre Verbindungen zu den vornehmen Kölner Patriziergeschlechtern Overstolz und von Aducht. Der genaue Geburtsort von Johann Adam lässt sich nicht exakt ergründen. Er könnte in Lüftelberg in Meckenheim oder in Köln geboren worden sein. In der Nähe der Apostelnkirche besaß die Familie einen Hof oder ein Stadthaus. In verschiedenen Quellen wird Schall von Bell als Kölner (Coloniensis) bezeichnet. Damit könnte allerdings auch das Erzbistum Köln oder Kurköln gemeint sein.

Sicher ist, dass der Junge in Köln das von Jesuiten geleitete Gymnasium „Tricoronatum" besuchte. Aus der Schule ging das heutige Dreikönigsgymnasium im Kölner Stadtteil Bilderstöckchen hervor.

Die Jesuiten besaßen zu Beginn des 17. Jahrhunderts mehrere große Gebäude zwischen der Marzellenstraße und der Straße an den Dominikanern. Es gab zu der Zeit drei Gymnasien in Köln. Neben dem der Jesuiten gab es das „Laurentianum" und das „Montanum". Im „Tricoronatum" stand die „Erziehung zu einem religiösen und sittlich guten Leben" im Mittelpunkt. Die Schüler wurden in Latein, Griechisch, Logik, Physik, Metaphysik, Grammatik, Poetik und Rhetorik unterrichtet, dazu kamen Deutsch und Geschichte als Nebenfächer. Bekannte Absolventen neben Schall von Bell waren unter anderem Maximilian Heinrich von Bayern, Erzbischof und Kurfürst von Köln, der katholische Geistliche und Gründer des Kolpingwerkes, Adolph Kolping, der „Ruhrbischof" Hubert Luthe, die früheren Kölner Oberbürgermeister Harry Blum und Fritz Schramma sowie der jetzige Bischof von Mainz, Peter Kohlgraf. Ab 1817 unterrichtete der Physiker Georg Simon Ohm einige Jahre Physik und Mathematik am Jesuitengymnasium.

Im Alter von etwa 16 Jahren wechselte Johann Schall von Bell an das „Collegium Germanicum" in Rom, um dort Mathematik und Astronomie zu studieren. 1611 trat er in Rom in den Jesuitenorden ein und studierte am „Collegio Romano" zusätzlich zu seinen naturwissenschaftlichen Fächern Theologie. Als er 1618 mit einer Gruppe von Missionaren von Lissabon aus per Schiff in Richtung China aufbrach, war der 26-Jährige bereits ein hochgebildeter Mann.

Das ursprüngliche Reiseziel Peking, wo der Jesuitenorden eine Niederlassung hatte, erreichte die Gruppe erst mit Verzögerung. Weil Europäer und vor allem die Jesuiten am chinesischen Hof gerade nicht besonders gern gesehen wurden, mussten Johann Adam und seine Begleiter ein paar Jahre in der portugiesischen Kolonie Macau gegenüber der Küstenstadt Kanton ausharren. Die Zeit nutzte der Missionar, um die chinesische Sprache zu erlernen. Während die Jesuitengruppe darauf wartete, dass sich die politische Lage in Peking entspannte, wurden sie in ihrem Ausweichquartier unversehens in eine kriegerische Auseinandersetzung hineingezogen. Eine niederländische Flotte mit neun Kriegsschiffen und vier kleineren Wachschiffen landete an und versuchte, Macau den Portugiesen abzujagen. Das wäre womöglich auch gelungen, denn die Kolonie war nur bedingt abwehrbereit. Da kamen die Missionare mit ihren Kenntnissen in Waffentechnik gerade recht. Sie sollen vier alte und unbrauchbare Kanonen repariert und so entscheidend dazu beigetragen haben, dass die Angreifer in die Flucht geschlagen und Macau gehalten werden konnte.

Wenig später ließen es die geänderten Machtverhältnisse am chinesischen Kaiserhof zu, dass Schall von Bell und seine Mitbrüder nach Peking reisen und dort arbeiten konnten. Er verfasste unter anderem mathematisch-astronomische Abhandlungen für verschiedene Ministerien und den Hof. Zudem beschäftigte er sich intensiv mit der chinesischen Sprache, der Schrift und der Literatur. So gelang es dem Gelehrten, sich die Sitten, Gebräuche und die Kultur seiner Gastgeber anzueignen. Im Laufe der Zeit verschaffte er sich einen immer besseren Ruf. Anerkennung erlangte er durch seine Schriften zum Beispiel über die Mondfinsternis, die er in chinesischer Sprache schrieb. Aus dem Jahr 1626 stammt seine Beschreibung über die Erfindung des Fernrohres und dessen Bedeutung für die Astronomie. Erst 17 Jahre zuvor hatte Galileo Galilei das Fernrohr konstruiert. 1630 wurde Schall von Bell gemeinsam mit dem Mailänder Giacomo Rho mit der Reform des chinesischen Kalenders beauftragt.

Der Kalender besaß eine große politische Bedeutung. Er galt als Nachweis für die legitime Herrschaft des jeweiligen Kaisers, im vorliegenden Fall Chongzhen. Er regierte von 1627 bis 1644 und war der letzte Kaiser der Ming-Dynastie. Die Veröffentlichung des Kalenders galt im kaiserlichen China als wichtigste Regierungshandlung. Nach chinesischer Anschauung musste das staatliche und bürgerliche Leben des Herrschers im Einklang mit den Naturgesetzen stehen. Dahinter stand das konfuzianische Ideal von der Übereinstimmung des Ablaufs des Lebens mit der Natur. Ist diese Einheit gestört, droht Unglück. Der Kalender bestimmte über günstige und ungünstige Tage für Reisen, Feiern, Beerdigungen und Staatsgeschäfte. Das menschliche Handeln musste unbedingt mit dem Naturgeschehen übereinstimmen. Von der Arbeit der europäischen Astronomen hing also das Wohl und Weh des Kaisers, der kaiserlichen Entscheidungen und damit des gesamten Reiches ab. Sie mussten den Lauf von Sonne und Mond und die Konstellation der Sterne in Verbindung mit

Lebensdaten korrekt berechnen. Diese Bürde lag nach dem Tod von Pater Rho 1638 einzig auf den Schultern des Kölners. Er muss seine Sache sehr gut gemacht haben. Denn Kaiser Chongzhen ließ dem Wissenschaftler in der Palaststadt eine eigene astronomische Station einrichten. Allerdings gehörte es auch zu den Aufgaben des Direktors Schall, nach westlichem Vorbild Geschützrohre zu entwickeln und gießen zu lassen.

Auf dem Höhepunkt seines Wirkens in China wurde Johann Adam Schall von Bell der wichtigste Berater des Kaisers Shunzhi aus der Mandschu-Dynastie. Als der 1644 als Kind auf den Thron kam, stand ihm der Deutsche als Lehrer und väterlicher Freund zur Seite. 1658 beförderte der Kaiser Schall zum Mandarin 1. Klasse und 1. Grades. Noch nie zuvor war einem Ausländer eine derartige Ehre zuteilgeworden. Der Wissenschaftler erhielt den chinesischen Namen „T'ang Jo-Wang" und die Ehrenbezeichnung „Die Geheimnisse des Himmels ergründender Lehrer" oder „Meister himmlischer Geheimnisse".

Der Kaiser vertraute seinem Berater offenbar sehr. Er gestattete zum Beispiel den Bau einer katholischen Kirche in Peking und duldete es, dass die Kaiserin und der Kronprinz zum Christentum übertraten. Er selbst blieb dem Buddhismus treu.

Nach dem Tod von Shunzhi 1661 behielt Schall zunächst seine Ämter und seine Macht. Allerdings schlug wenige Jahre später die Stimmung um, die Jesuiten und vor allem Schall von Bell fielen in Ungnade. Mehr noch: Der Missionar wurde wegen Hochverrats, Zugehörigkeit zu einer der rechten Ordnung entgegenstehenden Religionsgemeinschaft und wegen Verbreitung falscher astronomischer Lehren angeklagt. Seine Gegner warfen ihm vor, den Ort und die Zeit der Beerdigung eines Kaisersohns absichtlich falsch berechnet zu haben und so den Tod von Shunzhi provoziert zu haben. Zum Zeitpunkt des Prozesses war der Wissenschaftler bereits gesundheitlich sehr beeinträchtigt, er hatte 1664 einen Schlaganfall erlitten und konnte nicht mehr richtig sprechen. Er wurde schuldig gesprochen und zum Tode verurteilt. Dem Schwerkranken drohte die höchste Strafe, die die chinesische Rechtsprechung vorsah: „Lingchi" – die langsame Zerstückelung bei lebendigem Leib.

Es kam anders. Ein Erdbeben in der Stadt und ein Feuer im kaiserlichen Palast wurden als Warnzeichen gegen die Vollstreckung des harten Urteils gewertet. Der Pater wurde nicht zerstückelt, sondern aus dem Kerker entlassen. Am 15. August 1666 starb er.

Sein Nachfolger im Astronomischen Amt wurde der Jesuit Ferdinand Verbiest. Er sorgte dafür, dass Schall von Bell von Kaiser Kangxi rehabilitiert wurde. Sein Grabstein auf dem Jesuitenfriedhof in Peking trägt einen Ehrentitel und die Worte (übersetzt): „Du hinterlässt uns deinen unvergänglichen Ruhm und die Ehre deines Namens!"

Dieser Ruhm ist nicht erloschen. Am ursprünglichen Standort des Wallraf-Richartz-Museum an der Rechtschule (heute ist dort das Museum für Angewandte Kunst) befand sich einst ein lebensgroßes Standbild, das Schall von Bell im Gewand eines chinesischen Mandarins zeigte. In der einen Hand hielt er eine Weltkugel, in der anderen einen Zirkel. Es wurde im Zweiten Weltkrieg zerstört. 1992 – also 400 Jahre nach der Geburt von Johann Adam Schall von Bell – erinnerten Sonderbriefmarken in Deutschland und in Taiwan an den Mandarin aus Köln.

– Ludwig
Stollwerck –

Schokoladenwerbung schmeckte den Kunden

*Ludwig Stollwerck –
22. Januar 1857 in Köln
bis 12. März 1922 in Köln*

In der Vorweihnachtszeit des Jahres 1903 wartete die Schokoladen-firma Stollwerck mit einer Sensation auf. Unter dem Slogan „Singt, musiziert, deklamiert!" wurde die weltweit erste Schallplatte aus Schokolade angeboten. Die „sprechende Chocoladen-Tafel" in der Qualität „Extra-Zart" kostete 20 Pfennige, hatte eine Laufzeit von genau 35 Sekunden und konnte auf einem eigens dafür entwickelten Phonografen aus Blech oder Holz in Kinderspielzeuggröße abgespielt werden. Es gab den Phonographen „Eureka" als Modell A mit einer Handkurbel (eine Mark) und als Modell K mit einem aufziehbaren Uhrwerk der Firma Junghans (sechs Mark). Der Mann hinter der Idee war Ludwig Stollwerck.

Er war Schokoladenfabrikant. Ebenso wie seine vier Brüder und sein Vater Franz Stollwerck. Der startete 1839 mit einer Mürbe-bäckerei in der Kölner Blindgasse. Bekannt wurde sein Geschäft zunächst durch die Herstellung von sogenannten Brustbonbons, die Hals- und Lungenerkrankungen lindern sollten. Mit den Hustenbon-bons war er europaweit erfolgreich, wurde sogar Kaiserlicher Hoflieferant. Später kamen Marzipan, Printen und Schokolade ins Sortiment. Binnen weniger Jahrzehnte stieg die kleine Firma zu einem bedeutenden Unternehmen auf.

Die Söhne von Franz Stollwerck schufen einen Weltkonzern. Der kometenhafte Aufstieg ist in erster Linie mit dem Wirken von Ludwig Stollwerck verbunden. Er war der zweitjüngste Sohn des Patriarchen. Anders als seine älteren Brüder Albert Nicolaus, Peter Joseph und

Heinrich, die sich mit dem Vater überwarfen und als Gebrüder Stollwerck („Gebr. Stollwerck") 1871 ihr eigenes Unternehmen gründeten,
blieb Ludwig ebenso wie der jüngste Bruder Carl im Stammwerk.
Erst nach dem Tod von Franz Stollwerck 1876 wurden beide Firmen
zusammengelegt. Aus der Manufaktur wurde ein Industrieunter-
nehmen. Die Produktpalette umfasste Bonbons, Kakao, Schokolade,
Pralinen, Liköre, Obstkonserven, Waffeln und Biskuits sowie sogenannte Halbfabrikate für Konditoreien. Dies waren in erster Linie
Schokolade-, Nugat- und Marzipan-Massen.

Ludwig war ein Macher mit Weitblick. Er besaß ein untrügliches
Gespür für innovative Dinge, in denen ein großes Entwicklungspotenzial steckte. Seine kaufmännische Lehre trat er als 16-Jähriger
im väterlichen Betrieb an, im Unternehmen „Gebr. Stollwerck" war
er für Vertrieb, Werbung und Export zuständig.

Seine neuen und zum Teil spektakulären Werbe- und Vertriebs-
methoden verschafften Stollwerck weltweit Ansehen. Vor allem die
Schokoladenprodukte verkauften sich prächtig. Zum Beispiel über
die „stummen Verkäufer". Automaten, gefüllt mit Schokolade, ließ
Ludwig ab 1887 auf belebten Plätzen, in Parkanlagen, botanischen
Gärten und Zoos, in Cafés und Gastwirtschaften aufstellen. Später
sicherte sich Ludwig Stollwerck für das Familienunternehmen das
alleinige Recht, Automaten in Bahnhöfen und an Bahnsteigen aufzustellen. Etwa 15.000 dieser Verkaufsautomaten gab es 1893 im
Deutschen Reich. Erfunden hatte Ludwig die Technik nicht, aber er
hatte erkannt, wie man sie gewinnbringend einsetzen konnte.

Auf die mit Waren gefüllten Münzautomaten war Ludwig Stollwerck während einer Amerikareise gestoßen. Zurück in Deutschland
entwickelte er gemeinsam mit Theodor Bergmann von den badischen
Eisenwerken Gaggenau AG (bauten das gusseiserne Gehäuse) und
dem Ingenieur Max Sielaff in Berlin (lieferte das technische Innen-
leben) den Verkaufsautomaten „Merkur". In den USA gründete er
gemeinsam mit dem deutschen Kaufmann John Volkmann die Firma
„Volkmann, Stollwerck & Co.". Sie stellte in New York die Stollwerck-
Automaten her, von denen allein auf den Bahnhöfen in der Metropole
Anfang der 1890er Jahr über 4000 Stück standen. Der Erfolg der

eisernen Mitarbeiter überraschte Ludwig selber. Denn die ersten Schokoladenautomaten dienten allein der Werbung für die eigenen Produkte. Auf den Verpackungen war ausdrücklich vermerkt, dass es sich bei der Ware nur um Proben handelte. Ein größer aufgezogener Verkauf war zunächst nicht geplant. Das kümmerte die Kunden offenbar wenig, sie schätzten die Einkaufsmöglichkeiten jenseits von Ladenöffnungszeiten. Das Automatengeschäft wurde ein eigener Unternehmenszweig und später als Deutsche-Automaten-Gesellschaft Stollwerck & Co. (DAG) ein Tochterunternehmen. Längst waren die Automaten nicht mehr nur mit Schokolade gefüllt. Sie lieferten auch Streichhölzer, Seife, Kölnisch Wasser, Toilettenpapier, Stecknadeln, Bleistifte oder Briefpapier.

Das erfolgreichste Werbemittel der Firma Stollwerck waren die Sammelbilder, die das Kreativgenie Ludwig gegen Ende des 19. Jahrhunderts den Schokoladenprodukten als Zugabe beilegen ließ. Dieser Versuch zur Absatzförderung war nicht brandneu. Schon Firmengründer Franz Stollwerck ließ Einwickelpapiere der Schokolade mit Bildern bedrucken. Eine der ersten noch erhaltenen Schokoladenverpackungen zeigt eine Bilderserie: „Der Kölner Dom im Aufbau." Der Sohn Ludwig griff die Idee auf und perfektionierte sie. „Seine" Bilder wurden von namhaften Künstlern wie Adolph Menzel, Max Liebermann, Otto Modersohn, Emil Doepler oder Elli Hirsch gestaltet.

Die Serien entwickelten sich zu begehrten Sammel- und Tauschobjekten. Flugs hatte Ludwig die nächste Idee. Wer sammelt, braucht ein Album. Das erfreute Kind, Kaufmann und Kaiser. Als der Werbeprofi den Titel eines Kommerzienrates erhielt, schenkte er Kaiser Wilhelm II. zum Dank das von Adolph Menzel gestaltete Album „Uniformierung der Armee Friedrichs des Großen". Für die Originalzeichnung bezahlte Stollwerck 120.000 Reichsmark. Das Geld erwies sich als gut angelegt. Dem Kaiser gefiel sein Geschenk so gut, dass er 3000 Reproduktionen des Albums bestellte, um sie seinerseits weiter zu verschenken. Gegen Ende des 19. Jahrhunderts verkaufte das Unternehmen jährlich etwa 100.000 Alben und über 50 Millionen Bilder.

Ludwig war ebenso wie sein Bruder Heinrich von technischen Neuerungen begeistert. Heinrich Stollwerck war im Unternehmen für die gesamte technische Ausstattung verantwortlich. Die von ihm entwickelten Maschinen wurden im eigenen Konzern eingesetzt, aber auch für Firmen in der ganzen Welt gebaut. Die Nachfrage war so stark, dass dem Unternehmen auf dem Gelände im Severinsviertel eine eigene Maschinenfabrik angegliedert wurde. Im Vergleich zu seinem Techniker-Bruder betrachtete Ludwig technische Entwicklungen unter dem Gesichtspunkt der Werbewirksamkeit. Gut war, was den Absatz der Schokoladen steigerte, was den Konzern bekannter machte oder was sich als eigenständiges Produkt im Windschatten der Kernmarken verkaufen ließ. Es gab Stollwerck-Uhren, Stollwerck-Schreibmaschinen, Stollwerck-Spardosen und Stollwerck-Motorwagen, nicht zu vergessen die „sprechende Schallplatte".

Die Scheibe und den Phonographen „Eureka" entwickelte Ludwig Stollwerck gemeinsam mit Thomas Alva Edison. Der amerikanische Erfinder und Unternehmer und der deutsche Produzent lernten sich 1893 auf der Weltausstellung „World's Columbian Exposition" in Chicago kennen. Edison war wie wohl die Mehrzahl der Besucher vom Beitrag der deutschen Schokoladenproduzenten beeindruckt. Ludwig Stollwerck hatte einen „Schokoladen-Tempel" in Chicago aufbauen lassen. Der bestand aus 300 Zentnern Schokolade und zeigte im Zentrum eine zwölf Meter hohe Nachbildung der Germania des Niederwalddenkmals. Die Begegnung mit dem bedeutenden Erfindergeist wirkte nach. Zurück in Köln gründete Ludwig Stollwerck die „Deutsche Edison Phonographen Gesellschaft" für den Vertrieb des Phonographen. Er wurde wahlweise als Diktier- oder Musikphonograph gebaut. Ludwig benutzte das Gerät als Büromaschine.

Mit bedeutenden Denkern und Erfindern seiner Zeit umgab sich der Teilhaber des Unternehmens „Gebr. Stollwerck", das ab 1902 als Aktiengesellschaft geführt wurde, gern. Dazu zählten auch die Brüder Auguste und Louis Lumière aus Lyon. Deren Erfindung des Kinematographen, ein Vorführgerät, das erstmals Bilder auf eine Leinwand projizierte, faszinierte ihn. Er lernte das Gerät bei einer Filmvorführung Anfang April 1896 in London kennen. Typisch für Stollwerck war, dass er es nicht beim ehrfürchtigen Staunen beließ. Er kaufte den Brüdern die Verwertungsrechte für den Kinematographen ab und zeigte die ersten Filmaufnahmen in Köln vor zahlendem

Publikum. Es war zugleich die erste öffentliche Filmvorführung in Deutschland. Knapp ein halbes Jahr zuvor war das neue Medium Film in Paris und Berlin erstmals einem ausgewählten Kreis von Zuschauern präsentiert worden.

Die erste Kinovorführung der deutschen Filmgeschichte fand in einem Haus am Augustinerplatz (heute Hohe Pforte) statt. Dort hatte die Deutsche Automaten Gesellschaft (DAG) einen Saal gemietet. Gezeigt wurden „lebende Bilder" in zwölf kurzen Filmen. Es blieb nicht bei der bloßen Vorführung. Kurze Zeit später drehte der Filmvorführer „Operateur" der Firma Lumière, Charles Moisson, kurze Filme mit Kölnbezug. Es entstanden die Streifen: „Am Kölner Dom nach dem Hauptgottesdienst", „Ankunft eines Eisenbahnzuges" und „Feierabend in einer Kölner Fabrik". Dabei handelte es sich natürlich um Aufnahmen bei Stollwerck im Severinsviertel. Als die Filme „laufen lernten", gab es noch keine festen Spielstätten. Die Vorführer reisten mit ihren Kinematographen von Ort zu Ort und zeigten die kurzen Streifen in gemieteten Räumen. Das änderte sich ab 1906 mit der Weiterentwicklung der Aufnahme- und Projektions-Technik. 1906 wurde auch das erste Kino in Köln eröffnet. Es trug den Namen „Biographisches Institut". Gründer: Ludwig Stollwerck über die DAG.

Ludwig Stollwerck engagierte sich auch außerhalb des Unternehmens. Er unterstützte maßgeblich den Bau der Pfarrkirche St. Paul an der Vorgebirgstraße/Lothringer Straße. Er war Mitglied des Kirchenvorstandes und beschaffte unter anderem einen Kredit in Höhe von 500.000 Reichsmark beim Bankhaus A. Levy & Co. Wie groß sein Engagement gewesen sein muss, beweist unter anderem die Tatsache, dass sein Porträt auf dem Marienaltar von St. Paul verewigt ist. Den Altar schufen die Bildhauer August Schmidt und Alexander Iven. Als Anerkennung für seine Leistung wurde Stollwerck 1910, wie alle Mitglieder der Baukommission, zum „Ritter des Ordens vom Heiligen Grab" ernannt. Schon zuvor besuchte Ludwig Stollwerck 1908 den Heiligen Vater im Vatikan in Rom. Dabei berichtete er Papst Pius X. vom Neubau der Kirche St. Paul. Bei der Audienz blitzte auch der Werbefachmann kurz auf. Der Schokoladen-König aus Köln überreichte dem Oberhaupt der katholischen Kirche eine Schachtel mit Stollwerck-Schokoladeprodukten. Es war eine Spezialanfertigung, die auf der Außenseite den Kölner Dom und auf der Innenseite die Kirche St. Paul zeigte. Wer weiß: Hätte er mehr Zeit gehabt, hätte er womöglich noch einen kurzen Film über die Bauphasen drehen lassen und in Rom vorgeführt.

Zwei Jahre vor seinem Tod 1922 zog sich Ludwig Stollwerck aus der Geschäftsleitung zurück. Das Unternehmen lag nun in den Händen seines jüngsten Bruders Carl, die älteren Brüder waren bereits gestorben. Ludwig hatte drei Söhne und zwei Töchter. Nur sein ältester Sohn Fritz arbeitete bei Stollwerck. Den sich andeutenden Abschwung des Unternehmens während und nach dem Ersten Weltkrieg erlebte Ludwig Stollwerck noch. Als die Weltmarke im Jahr 2016 nach 177 Jahren in Köln komplett aus der Domstadt verschwand, war schon längst kein Mitglied der Familie Stollwerck mehr an Bord.

Auf Rollschuhen durchs Warenlager

Cornelius Stüssgen –
8. Mai 1877 in Dormagen
bis 24. Juni 1956 in Köln

Cornelius Stüssgen war ein Pionier. Einige seiner Ideen revolutionierten den Einzelhandel. Was 1897 mit einem kleinen Laden begann, wurde zu einem bedeutenden Lebensmittelunternehmen. 1933 gehörten über 150 Läden in einem Radius von 70 Kilometern rund um Köln zur Cornelius Stüssgen AG. Der Chef bezeichnete sich selber als einen besessenen Lebensmittelkaufmann. Besessen von der Idee, als Unternehmer Erfolg zu haben. In seinen 1952 geschriebenen Memoiren mit dem Titel „50 Jahre im Sattel" nennt er die wichtigsten Voraussetzungen für diesen Erfolg. Sie klingen wenig glamourös, eher bescheiden und bieder. „Ich hatte keine genialen Ideen, keine Patente und keine Schutzengel. Ich habe vielmehr in unendlicher Kleinarbeit systematisch und treu nach klar erkannten Prinzipien mein Geschäft aufgebaut".

Der Weg zum Kaufmann war für Cornelius Stüssgen vorgezeichnet. Der Vater hatte eine Schlosserei mit angeschlossenem Laden für Eisenwaren und Hausrat, die Mutter betrieb ein kleines Lebensmittelgeschäft. Erst im Heimatort Dormagen, später auch am neuen Wohnsitz der Familie. Ende der 1880er Jahre zogen Joseph und Maria Stüssgen mit dem Sohn Cornelius und dessen sieben Jahre älteren Schwester Maria ins gerade erst nach Köln eingemeindete Ehrenfeld. Der Vater starb 1891. Sechs Jahre später gründete der 20-jährige Cornelius gemeinsam mit Mutter und Schwester sein erstes Lebensmittelgeschäft. Am 28. August 1897 öffnete die „Kölner Konsumanstalt" auf der Venloer Straße 466 zum ersten Mal ihre Türen. Das Datum hatte der junge Kaufmann mit Bedacht gewählt. An dem

Wochenende spülte das Schützenfest mit angeschlossener Kirmes viel Volk nach Ehrenfeld.

Der Jungspund war wagemutig. Er warf Dinge über den Haufen, die bis dato gang und gäbe im Lebensmittelhandel waren. Neu, ja geradezu revolutionär waren: Bei Stüssgen wurde nicht angeschrieben. Die Kunden mussten die Waren bar bezahlen. Sie mussten sie auch selber nach Hause tragen. Geliefert wurde nicht. Aber das Ungewöhnlichste waren die fix und fertig abgepackten Produkte. Cornelius Stüssgen fand das Abwiegen der losen Waren aus großen Säcken und Kartons unhygienisch und zeitraubend. Außerdem sah er in dieser Praxis Verluste durch „Verwiegen, Verschütten, Überaltern der Waren", nicht zu vergessen die Verluste durch „Preisirrtümer und Rechenfehler bei krummen Gewichten". Er ließ vor allem Reis, Zucker, Kaffee, Hülsenfrüchte, Nudeln, Graupen oder Grieß in Beutel füllen. Auf den Etiketten standen das Produkt, die Sorte, das Gewicht und der Preis. Zunächst wurden die Packungen von Hand gefertigt, später übernahmen dies vollautomatische Packmaschinen.

Nachdem sich die Kundschaft nach anfänglichem Zögern mit den vorgepackten Einheiten angefreundet hatte, wurde Stüssgen noch mutiger. Das Abzapfen von Öl aus Fässern und Behältern in Flaschen, die die Kunden mitbrachten, war ihm ein Graus. „Unappetitlich und unhygienisch. Viele Gefäße haben eine Ölkruste oder die Korken wurden hineingedrückt und schwimmen nun auf dem Inhalt und verursachen Verunreinigungen." Man spürt beim Lesen seiner Schilderungen fast körperlich, wie sehr sich der Mann geekelt haben mag.

Seine Lösung hieß: Verkauf von Öl, Essig und Fruchtsäften in maschinell abgefüllten Flaschen mit Schraubverschluss. Offenbar konnten die Kunden die Flaschen auch im Laden zurückgeben. Denn es gab eine große Spülanlage, in der 6.000 Flaschen in der Stunde gereinigt wurden. 1952 schrieb der Ideengeber: „Heute sind diese Ergebnisse Allgemeingut. Aber wir waren die ersten – darauf kommt es an."

Am ehesten lernt man den Kaufmann und Menschen Cornelius Stüssgen durch seine eigenen Worte kennen. Zu seinen Grundsätzen zählten: „Frische Ware erhöht, alte Ware hemmt den Absatz." – „Nicht alles, was billig ist, bedeutet Ersparnis." – „Ich stehe auf dem Standpunkt, dass einer guten Ware ein angemessener Preis gebührt." – „Nichts ist kostspieliger und vernichtender als der Preiskampf. Wer seine Ware verschleudert, ist in der Regel branchenfremd." – „In allen Lager- und Verkaufsräumen müssen Sauberkeit und Hygiene, Ordnung und Übersicht herrschen. Unser Zentrallager, licht, luftig und sonnig, je nach Art der Ware geheizt, gekühlt, entlüftet und verdunkelt ..." – „Unordnung ist meist der Grund dafür, dass ein Unternehmen nicht vorangeht. Ein unordentlicher Geschäftsmann kommt mir vor wie ein Betrunkener, der sich nirgends zurechtfindet."

Was hatte Cornelius Stüssgen, was etliche seiner Konkurrenten nicht hatten? Eine solide Ausbildung zum Beispiel. Er besuchte die katholische Volksschule für Knaben in der Kayserstraße in Ehrenfeld. Beim Abschluss 1891, dem Jahr, in dem sein Vater starb, war Cornelius 14 Jahre alt. Er absolvierte eine Lehre in der Kolonialwarengroßhandlung David Lippmann. Zu dem Lebensmittelhandel in der Mathiasstraße gehörten auch eine Kaffeerösterei und ein Zigarrenhandel. Bemerkenswert ist, dass augenscheinlich schon der 14-Jährige kaufmännisches Denken offenbarte. Denn die zunächst avisierte Lehrstelle bei einer Kölner Weingroßhandlung lehnte er ab, weil die Firma seine monatlichen Fahrtkosten nicht übernehmen wollte. Vier Jahre blieb er bei Lippmann, dann wechselte er zur Firma H. & S. Baum, Agentur und Kommissionshandlung.

Mitte 1897 kündigte er. Der Kaufmann fühlte sich gerüstet genug, um den Sprung in die Selbstständigkeit zu wagen. Zwei Jahre stemmte die dreiköpfige Familie Stüssgen das Geschäft auf der Venloer Straße allein, dann stellte sie Personal ein. Bemerkenswert ist, dass der Laden seinerzeit von 4 bis 23 Uhr geöffnet hatte, auch sonntags und an Feiertagen. 1899 eröffnete Stüssgen seine ersten Filialen in Brühl und Bergisch Gladbach, 1902 und 1903 kamen Läden in der Kölner Weyerstraße und Severinstraße dazu. Die Expansionen lösten zugleich den nächsten Innovationsschub aus. Die Verkäuferinnen bekamen Einheitskleidung, die Schaufenster wurden dekoriert, und es gab einen neuen Namen: „Cornelius Stüssgen, Kölner Konsum-Anstalt. Colonialwaren-, Material- und Farbwarenhandlung." Das sperrige

Gebilde hielt sich nicht lange. Als weitere Filialen in der Kölner Umgebung dazukamen, wurden die Kunden im „Rheinischen Kaufhaus für Lebensmittel Cornelius Stüssgen" bedient.

Der Chef liebte reibungslose Abläufe und eine gute Organisation. Er zeigte immer wieder, dass er ein Mann war, der gern ungewöhnliche Wege beschritt. Als die vorhandenen Warenlager nicht mehr ausreichten, ließ Stüssgen 1929 in Braunsfeld ein Lagerhaus mit mehreren Etagen errichten. Es galt damals als das modernste seiner Art in Deutschland. Die Pläne und Systematik hatte der Firmenleiter selber entworfen. Und gleich eine neue Idee für die Arbeit in der Zentrale entwickelt. Die Lagerverwalter und Gehilfen waren flott auf den Beinen. Stüssgen ließ sie auf Rollschuhen durch die Gänge flitzen. Um die Arbeitsleistung und das Arbeitsklima zu verbessern, wurde mitunter Musik eingespielt. Auf dem Gelände befand sich ein Laboratorium, in dem die Qualität der Waren geprüft wurde. Es gab eine eigene Kaffeerösterei, eine Gewürzmühle und eine Abteilung, in der täglich fast 60.000 Eier geprüft werden konnten.

Der spektakulärste Teil der Firmenzentrale in Braunsfeld kam erst 1937 dazu. Cornelius Stüssgen ließ mehr als zehn Meter unter der Erde einen Fasskeller errichten, in dem die Weine der firmeneigenen Marken gelagert und abgefüllt wurden. In dem Keller herrschte eine konstante und optimale Luftfeuchtigkeit. Im Zweiten Weltkrieg bot das Gewölbe den Menschen als Luftschutzbunker Schutz. Den 96 Meter langen und 26 Meter breiten Keller gibt es immer noch. Unter dem Namen „Kölner Weinkeller" gehört er zur REWE-Group, die in den 1980er Jahren auch alle verbliebenen Stüssgen-Märkte übernommen hatte. In dem Weinkeller finden sich noch Relikte aus der Zeit des Gründers. Die alten Tanks aus Emaille sind alle noch da, die großen Holzfässer, in denen der Wein gelagert wurde, und zum Teil noch alte Pumpschläuche. Inzwischen werden im „Kölner Weinkeller" keine Flaschen mehr abgefüllt. Es ist ein Weinfachhandel. Mit 2500 Quadratmetern zählt er zu den größten historischen Wein-Gewölbekellern Deutschlands.

Vom Keller zurück ans Tageslicht und auf die Straße. Um die Waren pünktlich und zuverlässig in die Filialen zu transportieren, gehörte früh ein Pferdefuhrwerk zur Firma. Erst 1925 wurden die letzten Pferde abgeschafft und durch einen Autofuhrpark ersetzt. Der erfahrene Geschäftsmann hatte augenscheinlich nicht vergessen, dass die Basis für seinen Aufstieg seine umfassende Ausbildung als Jugendlicher war. Folgerichtig gründete er 1930 eine Verkaufsschule, in der die Lehrlinge und Verkäuferinnen besonders geschult wurden.

Im Jahr 1937 feierte das Unternehmen Jubiläum. Zum 40-Jährigen wurden unter anderem mehrere Stiftungen ins Leben gerufen. Dazu zählten eine Stiftung in Höhe von 10.000 Mark für Eigenheime und eine Zuwendung von 130.000 Mark zum Pensionsfond. Auch der Fond der nationalsozialistischen Gemeinschaft „Kraft durch Freude – KdF" erhielt 1000 Mark, ein Heim der Hitlerjugend bekam 10.000 Mark. Die nachhaltigste Stiftung ist die heute bei der Industrie- und Handelskammer zu Köln angesiedelte Cornelius-Stüssgen-Stiftung mit 25.000 Mark Startkapital. Über seine Rolle während der Zeit des Nationalsozialismus schreibt Stüssgen in seinen Erinnerungen nichts. Bekannt ist, dass er im Juli 1940 in die NSDAP eintrat. 1949 wurde er vom Entnazifizierungsausschuss als „entlastet" eingruppiert. Im Zweiten Weltkrieg wurden große Teile der Firmenzentrale sowie etliche Filialen zerstört, ebenso das Privathaus von Cornelius Stüssgen in Braunsfeld. Am Wiederaufbau des Unternehmens war er noch maßgeblich beteiligt. 1952 gründete er in Brühl und wenig später in Köln an der Aachener Straße die ersten Selbstbedienungsläden in Deutschland. Die Kunden nahmen die Waren selbstständig aus dem Regal und trugen sie zur Kasse.

Am 24. Juni 1956 starb Cornelius Stüssgen im Alter von 79 Jahren in Köln. Seine Grabstätte befindet sich auf dem Mclaten-Friedhof. Der Kaufmann aus Leidenschaft, der auch als Konsul von Haiti wirkte, war verheiratet und hatte zwei Töchter – Marys (eigentlich Marianne) und Sylvia. 1984 verkauften seine Witwe und die Töchter 51 Prozent der Unternehmensanteile an die REWE-Gruppe. 1988 wurde der Unternehmenssitz von Köln nach Hürth verlegt, 1989 ging das verbliebene Aktienpaket an die Gruppe. Zu diesem Zeitpunkt schied auch Sylvia Berger-Stüssgen aus dem Stüssgen-Aufsichtsrat aus. Im September 2006 verschwanden die letzten Läden, die noch den Namen Stüssgen trugen.

– Heilige Ursula –

Die wundersame Knochenver(m)ehrung

Heilige Ursula –
um 300 in der Bretagne
bis etwa 320 in Köln

„Hier wird nix bewiesen, hier wird geglaubt": Mit diesen Worten pflegte ein ehemaliger Küster von St. Ursula Zweifler zum Schweigen zu bringen, die sich bei Kirchenführungen um den Wahrheitsgehalt der Geschichten rund um die heilige Ursula sorgten. St. Ursula ist eine der zwölf großen romanischen Basiliken in der Kölner Altstadt. Die Namensgeberin der Kirche ist die Stadtpatronin Kölns. Den Job teilt sie sich mit den Heiligen Drei Königen und dem heiligen Gereon, dem mit St. Gereon auch eine der zwölf romanischen Kirchen geweiht ist. Dem energischen Küster zum Trotz ist die Frage berechtigt, wie gesichert die Erzählungen über Ursula, ihre Gefährtinnen und deren Schicksal sind. Tatsachenberichte gibt es nicht, ebenso wenig verlässliche Zeugenaussagen. Deshalb steht über dem Ganzen auch der Begriff „Ursula-Legende". Der Ursprung dieser Legende reicht bis ins 4. oder 5. Jahrhundert zurück. Im Laufe der folgenden Jahrhunderte gab es mehrere Updates.

Die Eckpunkte der Geschichte sind: Ursula soll die junge, kluge, schöne und tugendhafte Tochter des Königs Maurus gewesen sein. Ob der ein britannischer oder bretonischer König war, ist unklar. Auf jeden Fall fand ein gewisser Conan, ein Königssohn, Gefallen an dem Mädchen und wollte es heiraten. Völlig abwegiger Gedanke. Conan war Heide, die Königstochter sah sich als Braut von Jesus Christus und hatte ewige Jungfräulichkeit gelobt. Aber Conan hatte starke Argumente. Sollte die Angebetete nicht einwilligen, drohte er damit, das ganze Land zu verwüsten. Die Tugendhafte schlug einen Kompromiss vor. Der Brautwerber sollte sich taufen lassen. Außerdem wollte sie drei Jahre Bedenkzeit. Der Hochzeitplan würde auf Wiedervorlage gelegt. Die Zeit würde sie für eine Pilgerfahrt nutzen.

So geschah es. Als einzelne Jungfrau konnte sie natürlich nicht allein reisen, deshalb kamen zehn andere Jungfrauen mit. Jede brachte 999 Begleiterinnen mit, alles getaufte und fromme Jungfrauen. Damit reichte die Gruppe vom Umfang her an die Passagierzahl heutiger Kreuzfahrtschiffe heran. Mit einem Segelschiff machten sich Ursula und ihre Gefährtinnen auf den Weg nach Rom. Auf der Nordsee gerieten sie in einen schweren Sturm, wurden in die Rheinmündung getrieben und erreichten Köln. Nordsee spricht übrigens für Britannien als Heimatkönigreich von Ursula, aber vielleicht hat sie von der Bretagne aus unterwegs nur ein paar Freundinnen abgeholt.

In Köln wurden die Fräuleins freundlich aufgenommen, eigentlich hätten sie da auch die drei Jahre bleiben können, wäre da nicht dieser Traum gewesen. Einer von vielen, die in der Ursula-Legende eine Rolle spielten. In jenem Kölner Traum erschien Ursula ein Engel, der ihr unmissverständlich klar machte, dass eine Änderung der Reisepläne nicht in Frage komme. Die fromme Maid packte sogleich ihre Sachen, trommelte die Damen zusammen und über Basel ging es weiter nach Rom. Das letzte Stück zu Fuß. Womöglich begleitete sie ein mulmiges Gefühl. Denn der Engel hatte ihr offenbart, dass sie auf dem Rückweg wieder in Köln landen und dass es ungemütlich werden würde. Das Wort „Märtyrertod" soll gefallen sein.

Engel müssen zu der Zeit viel zu tun gehabt haben. Denn auch Conan erhielt auf diesem Weg eine Botschaft. Er sollte seiner Braut entgegenreisen und ja nicht vergessen, sich vorher taufen zu lassen. Das übernahm der Bischof von Mainz. Mit der Taufe änderte Conan seinen Namen in Aetherius. In Rom (oder erst in Mainz) trafen sich alle, und gemeinsam ging es zurück nach Köln. Dort trieben gerade die Hunnen ihr Unwesen. Der Anblick von elftausend Jungfrauen soll sie noch rasender als ohnehin schon gemacht haben. Der Anführer soll sich direkt in die schöne Ursula verguckt haben. Sein Eheangebot lehnte diese strikt ab. Natürlich. Heiden gingen für das Mädchen nun mal nicht. Dafür hatte der Hunne kein Verständnis. Alle Jungfrauen wurden niedergemetzelt. Als letzte wurde Ursula von einem Pfeil durchbohrt. Nein, als vorletzte. Eine Mitreisende, Cordula, hatte sich auf dem Schiff versteckt. Doch schon am nächsten Tag kam sie freiwillig aus ihrem Versteck, weil sie ebenfalls eine Märtyrerin werden wollte. Die Hunnen erfüllten ihren Wunsch. Nach dem Massaker, dem auch Äetherius zum Opfer fiel, tauchte ein Engelsheer in Gestalt der Neu-Märtyrerinnen auf und vertrieb die Hunnen aus der Stadt. Die Kölner waren sehr dankbar und bereiteten den Toten ein ehrenvolles Begräbnis.

Etwas zu diesem ersten Akt der Legende kann man noch heute auf einer Steintafel mit der dreizehnzeiligen „Inschrift des Clematius" im Chor von St. Ursula nachlesen. Clematius soll ein reicher Mann im Range eines Senators gewesen sein. Er errichtete einer himmlischen Erscheinung folgend (Engel?) eine Kirche an der Stelle, an der „die heiligen Jungfrauen für den Namen Christi ihr Blut vergossen haben". Bekannt ist, dass sich an der nördlichen Ausfallstraße, vor den Toren der Stadt, in römischer Zeit eine dreischiffige Basilika befand. Sie wurde wahrscheinlich 355 beim Einfall der Franken in die Stadt zerstört. In dieser Basilika befanden sich drei Gräber, in denen womöglich die Überreste von drei Frauen lagen, die während der Christenverfolgung unter dem römischen Kaiser Diokletian um 304 ermordet worden waren. Genau an dem Ort errichtete jener Clematius später seine Kirche. Für eine Heiligenverehrung und eine Legende mit Bestsellerqualität waren drei ermordete Christinnen etwas dünn. Weitere wundersame Details waren notwendig.

Im Jahr 1106 geschah etwas Entscheidendes, um dem Ursulakult so richtig Fahrt zu verleihen. In der Nähe der St. Ursula-Basilika stieß man bei den Arbeiten zur Stadtbefestigung Kölns auf ein riesiges Gräberfeld, den „Ager Ursulanus". Es handelte sich wahrscheinlich um römische Grabstätten. Aber so viele Knochen in der Nähe der Ursulakirche. Das konnte doch kein Zufall sein. Flugs gerechnet: Elf Jungfrauen mit jeweils 1000 Begleiterinnen macht Elftausend insgesamt. Ein rascher Blick auf die Knochenansammlung. Könnte hinkommen. Dass sich in dem Konvolut auch Knochen von Männern und Kindern befanden, war dank der Visionen der Benediktinerin Elisabeth von Schöngau kein Problem. Sie schrieb zwischen 1156 und 1159 das „Buch der Offenbarung der heiligen Schar Kölnischer Jungfrauen".

Und zu dieser heiligen Schar gehörten nicht nur Frauen. Die Entdeckung des Gräberfeldes kam zum richtigen Zeitpunkt. Reliquien lagen schwer im Trend. Knochen von Märtyrerinnen und Heiligen waren begehrt. Mit den Überresten der Jungfrauen und den Gebeinen der Heiligen Drei Könige, die 1164 nach Köln kamen, entwickelte sich die Stadt zum beliebten Wallfahrtsort und zweitgrößten Handelsort für Reliquien. Kaufleute exportierten die kostbaren Exponate, Pilger strömten in die Stadt. Köln blühte wirtschaftlich auf. Von dem Handel mit den Gebeinen profitierten mehrere Handwerkszweige. Die Schädel und Knochen wurden mit Perlen, Samtbändern, Gold- und Korallenketten verziert und in Büsten angeboten. Diese Büsten konnten am Kopf geöffnet werden und boten selbst kleinsten Reliquienpartikeln ein prächtiges Ambiente. Das ehemalige Zisterzienserkloster Altenberg soll einst 1000 Jungfrauenköpfe beherbergt haben. Der Hype um die heiligen Knöchelchen nahm derart überhand, dass es selbst den geschäftstüchtigen Kölnern zu viel wurde. Sie wandten sich hilfesuchend an Papst Bonifaz IX., der 1381 ein Ausfuhrverbot für ursulanische Reliquien erließ. Gelegentlich ging aber noch ein Stück von Grab der heiligen Ursula über den Tisch.

Woher wusste man, welche Knochen zu Ursula gehörten? Am Allerseelenaltar in der Basilika St. Ursula hängt ein Gedicht, das eine Legende zur Legende erzählt. Demnach identifizierte der Kölner Bischof Kunibert (etwa 627 bis etwa 648) die Gebeine Ursulas inmitten der Überreste. Bei dieser Detektivleistung hatte der Gottesmann Hilfe. Während einer Messfeier in der Ursulakirche setzte sich eine Taube auf den Kopf des Bischofs und wies ihm den Weg. Etwa ab dem 8. Jahrhundert wurde die Geschichte um die Märtyrerinnen immer weiter ausgeschmückt. Der Kölner Jungfrauenkult erscheint in Urkunden, literarischen Quellen, Kalendern, Litaneien und Messformularen. Der Name Ursula taucht erst ab dem 9./10. Jahrhundert in den Überlieferungen auf. Bis dahin litten die Jungfrauen namenlos. Ursula ist die Verkleinerungsform zum lateinischen „Ursa" (die Bärin). Im vorliegenden Fall bezieht sich „stark wie eine kleine Bärin" wohl auf die Tapferkeit der Keuschen im Angesicht des Todes.

Durch den Verkauf der Reliquien verbreitete sich der Ursula-Kult nicht nur in Deutschland, sondern weltweit. Besonders ausgeprägt war er in Italien, Spanien, Dänemark und Portugal. Die Heilige Ursula wurde Patronin mehrerer Städte und Länder sowie von Universitäten zum Beispiel in Paris und Wien. Als Christopher Columbus die heutigen „Virgin Islands" entdeckte, nannte er sie „Santa Ursula y las once mil virgines". Die Heilige hatte ein strammes Hilfs-Programm. Sie sollte die Menschen vor dem Fegefeuer bewahren, sie galt als Helferin in Kriegszeiten und während der Todesstunde. Brautleute sollte sie bei der Wahl des Partners unterstützen, Lehrerinnen und Lehrer bei der Arbeit helfen. Sie war Patronin der Tuchhändler, und in Kärnten und Südtirol war sie als Wetterheilige für das Wetter verantwortlich. Die Legendenbildung um Ursula gilt Mitte des 12. Jahrhunderts als abgeschlossen. Der Kult lebte fort. Zentrum der Ursula-Verehrung blieb Köln. Hauptförderer des Ursula-Kultes waren die Benediktiner in Deutz und anderen Klöstern des Ordens. 1535 gründete Angela Merici in Brescia den Orden der Ursulinen, der vor allem im Schulwesen wirkte. In Köln existiert die Ursulinenschule seit 1639.

Die heilige Ursula und die Legende finden an zahlreichen Stellen in Malerei, Literatur, Musik und Kunsthandwerk einen Niederschlag. Auch im Kölner Stadtwappen. Das trägt die Farben rot und weiß (silber) als Farben der Hanse, weil Köln eine der Mitbegründerinnen der Hanse war. Abgebildet sind drei goldene dreiblättrige Kronen als Hinweis auf die Heiligen Drei Könige und elf Symbole, die auf Ursula und ihre Gefährtinnen hindeuten. Diese schwarzen Symbole werden als Tropfen, Tränen, Zungen oder Flammen bezeichnet. Es könnten aber auch Hermelinschwänze sein. Das würde die Königstochter Ursula in der Bretagne ansiedeln, deren altes Wappen Hermelinschwänze zeigt. Zu Beginn des 15. Jahrhunderts ließen die Kölner Stadtväter von Stephan Lochner ein großes Bild mit den Stadtpatronen in Form eines Triptychon malen. Das ursprünglich für die Ratskapelle erstellte Gemälde befindet sich heute im Kölner Dom. Auf dem linken Flügel des Altarbildes ist die heilige Ursula mit einigen Gefährtinnen zu sehen. In der Ursulakirche gibt es die begehbare „Goldene Kammer" mit einer Vielzahl von Gebeinen, Büsten, goldenem Zierrat und Schädelreliquiaren.

– Ferdinand
Franz Wallraf –

Eifriger Sammler schuf den Friedhof Melaten

Ferdinand Franz Wallraf –
20. Juli 1748 in Köln
bis 18. März 1824 in Köln

Arm, aber besessen. Dies beschreibt – zugegebenermaßen extrem verkürzt – die beiden beständigsten Konstanten im Leben von Ferdinand Franz Wallraf. Es dabei zu belassen, würde dem umtriebigen Professor nicht gerecht. Tatsächlich offenbart Wallraf bei näherer Betrachtung enorm viele Begabungen, Interessen und Tätigkeiten. Vor allem seine Verdienste als Kunstsammler machten ihn bereits zu Lebzeiten zu einer Legende. Im „Wallraf-Richartz-Museum & Fondation Corboud" haben sowohl sein Name als auch seine Sammlung überlebt. Das Museum in der Nähe des Rathauses in der Innenstadt zählt zu den großen klassischen Gemäldegalerien Deutschlands.

Ferdinand Franz Wallraf kam aus eher einfachen Verhältnissen. Sein Vater Kaspar war Schneidermeister. Später hat der Sohn versucht, sich eine etwas glanzvollere Vita zu basteln. Er behauptete, er stamme von dem alten kölnischen Patriziergeschlecht der Walrave ab. Das war indes ebenso eine erträumte Verwandtschaft wie die zum Arzt und Philosophen Cornelius Agrippa von Nettesheim. Wallrafs Mutter Anna Elisabeth war zwar eine geborene Nettesheim, aber den Namen gab es häufiger in Köln. Dabei hätte Cornelius Agrippa so gut gepasst. Der Kölner war ein Universalgelehrter, Theologe, Jurist, Arzt und Philosoph. Er stammte aus einer verarmten Adelsfamilie. Hatte also Geist, aber kein Geld.

Etwas, was auch auf Ferdinand Franz zutraf. Der Junge war klug und besuchte das Jesuitengymnasium Montanum, danach studierte er an der Artistenfakultät (daraus leitete sich die Philosophische

Fakultät ab) der Universität zu Köln. Nach dem Grundstudium und der Erlangung des Abschlusses Magister Artium war das Geld alle, und damit der Weg zu den höheren Studien zunächst versperrt. Für die niederen Weihen reichte es, und Ferdinand Franz wurde Lehrer am Montanum.

Der junge Pädagoge muss äußerst wissbegierig und talentiert gewesen sein und ein gewinnendes Wesen gehabt haben. Er machte mit Hilfe von Freunden Karriere. Die Liste seiner Berufe wuchs stetig. Der Kölner Weihbischof Karl Aloys von Königsess-Aulendorf weihte Wallraf zum Priester. Der Chemie-Professor Johann Georg Menn und seine Frau Dorothea, eine geborene Schauberg und Erbin der Buchdruckerei Schauberg, ermöglichten ihm das Studium der Medizin. Der Wieder-Student bekam finanzielle Unterstützung und durfte mit im Haushalt Menn/Schauberg leben. So ganz nebenbei führten ihn seine Gönner in die Kölner Gesellschaft ein und brachten ihm Kunst, Literatur und Musik näher. Es könnte so eine Art Eltern-Sohn-Verhältnis gewesen sein. Johann Menn war 18 Jahre, seine Frau Dorothea 23 Jahre älter als Ferdinand Franz.

Ihr Einsatz fiel auf fruchtbaren Boden. Der junge Freund erwarb akademische Grade bis hin zu Doktortiteln in Medizin und Philosophie, bekam einen Lehrstuhl für Botanik, Naturgeschichte und Ästhetik an der medizinischen Fakultät der Universität zu Köln, womit ihm automatisch das Kanonikat am Stift von St. Maria im Kapitol zufiel. 1793 wurde der mittlerweile 45 Jahre alte Wallraf Rektor der Universität. Der letzte vor der Schließung der Hochschule 1798 durch die Franzosen, die 1794 Köln besetzt und seither das Sagen hatten. Wallraf hatte zwar den Eid auf die französische Republik verweigert, wechselte aber dennoch nahtlos als Lehrer an die Zentralschule, der Universitätsnachfolgerin.

Sein Privatleben war überschaubar. Ferdinand Franz Wallraf war ein eifriger Schreiber. Er produzierte Gelegenheitsdichtungen aller Art, Poesie, Festschriften, Denkschriften und Inschriften. Zudem erschienen regelmäßig Beiträge von ihm in der „Kölnischen Zeitung", die im Verlag DuMont erschien. Die „Kölnische Zeitung" ist das Vorgängerblatt des Kölner Stadt-Anzeigers. Mit dem Verleger Marcus

Theodor DuMont war Wallraf befreundet. Um eine Familie musste sich der Gelehrte nicht kümmern. Er war unverheiratet, es sei denn, seine lebenslange und innige Verbindung mit der Stadt Köln geht als etwas Eheähnliches durch. Seine Liebe und Leidenschaft gehörten dem Sammeln schöner und historisch bedeutsamer Dinge. Bereits als Jugendlicher hortete er Mineralien und andere naturwissenschaftliche Gegenstände.

Seine eigentliche Berufung als Sammler ereilte den Wissenschaftler erst später. Mit der von den Besatzern angeordneten Säkularisation 1802 ging der Besitz der Kirchen und Klöster an den Staat. Um den drohenden Komplettverlust der wertvollen Kunstgegenstände einzudämmen, mutierte Wallraf in ganz großem Stil zum Sammler und Retter. Es ging ihm nach eigener Darstellung um die Bewahrung der Geschichte von Köln und Teilen des Rheinlands. Der Professor kaufte alles auf, was ihm in die Finger kam. Gemälde, Altarbilder, Kupferstiche, Holzschnitte, Gefäße, Drucke, Handschriften, Münzen, Plastiken und historische Waffen sowie umfangreiche Bibliotheken.

Woher kam das Geld für diese Einkaufstouren? Von Gönnern und Kreditgebern. Obgleich Wallraf ein Lehrergehalt, Einkünfte als Kanonikus, aus privaten Unterrichtsstunden und öffentlichen Aufträgen hatte und überdies zumeist mietfrei wohnte, war er chronisch klamm. Er sammelte einfach zu viel. Mitunter unterstützten ihn dankbare Schüler. Dazu zählte zum Beispiel Franz Josef Graf Sternberg. Er gestattete Wallraf, sich aus der Bibliothek und den Sammlungen seines Schlosses Blankenheim in der Eifel zu bedienen. Die Mutter des Grafen war die letzte Vertreterin aus der Familie der Grafen Manderscheid-Blankenheim-Gerolstein gewesen.

Seinen bedeutendsten öffentlichen Auftrag erhielt der frühere Universitätsrektor 1809. Wallraf sollte die Pläne für die Gestaltung des neuen Friedhofs Melaten entwerfen. Per kaiserlichem Dekret hatte Napoleon 1804 verfügt, dass innerhalb der Stadtmauern keine Friedhöfe liegen durften. Die Stadt kaufte deshalb ein Grundstück an der Aachener Straße, etwa zwei Kilometer vom Hahnentor entfernt. Wallraf beschrieb seine Pläne für den Friedhof in der 1809 erschienenen Schrift „Über den neuen stadtkölnischen Kirchhof zu Melaten". Sein

Vorbild war der Pariser Friedhof Pére Lachaise. Der Entwurf sah einen Friedhof vor, der eine Begräbnisstätte und eine öffentliche Grünanlage und somit eine Erholungsstätte für die Bürger der Stadt sein sollte. Am 29. Juni 1810 weihte Dompfarrer Michael Joseph DuMont den Friedhof ein.

Schon dieser Auftrag zeigte, welch hohes Ansehen sich der Kunstfreund und Wissenschaftler im Laufe der Jahrzehnte erworben hatte. Vollends deutlich wurde dies bei der Feier zu Wallrafs 75. Geburtstag 1823. Die Stadt richtete einen Festzug vom Rathaus zum Dom aus. Der war zwar noch eine Bauruine, aber die Bemühungen zum Weiterbau nahmen gerade richtig Fahrt auf. Als Kathedrale mit Entwicklungspotenzial war der Dom ein angemessenes Ziel für den Festzug. Mit dabei waren alle wichtigen Persönlichkeiten aus Kirche, Stadtrat und Generalität, mehrere Chöre, Fahnen- und Blumenträger und „die beiden Beigeordneten des Oberbürgermeisters, den Gefeierten in der Mitte, umgeben von vier Fahnen und Stadtdienern in roter Uniform". Es wurde ein kleines Volksfest, bei dem die Bürger ihre Häuser illuminierten, einige stellten eine bekränzte Büste Wallrafs ins Fenster. Im Rathaus ließ man sich auch nicht lumpen. Der „Gefeierte in der Mitte" bekam einen Eichenkranz als Bürgerkrone sowie einen Lorbeer- und Blumenkranz als Zugabe. Der betagte Herr erhielt den Ehrentitel „Erzbürger", was wohl so eine Art früher Ehrenbürger der Stadt war.

Der große Traum von Ferdinand Franz Wallraf war ein Museum für seine Sammlung, die im Laufe der Jahre immer umfangreicher und bedeutender geworden war. Sie sollte der Nachwelt erhalten bleiben und zu Unterrichtszwecken dienen. Noch zu Lebzeiten setzte er die Stadt Köln als Alleinerbin für seine Schätze ein. Die öffentliche Präsentation und damit die Erfüllung seines Traumes erlebte Wallraf nicht mehr. Erst drei Jahre nach seinem Tod wurden die Exponate im sogenannten Wallrafianum im Kölnischen Hof in der Trankgasse ausgestellt. Es gilt als das erste städtische Museum Deutschlands. Der erste Kurator dieses Hauses war der Kaufmann, Maler und Kunstsammler Matthias Joseph de Noël. Der Kölnische Hof war von Anfang an ein Provisorium. Ein richtiges Museumsgebäude konnte dank der Spenden des Kaufmanns Johann Heinrich Richartz errichtet werden.

Richartz war als international operierender Händler von „Wildhäuten, Leder und Thran" reich geworden. Er stiftete insgesamt fast 300.000 Taler für den Bau und Erhalt des Museums. Das deckte mehr als die Hälfte der Baukosten.

Das Vermächtnis des Gelehrten wirkt an verschiedenen Stellen in Köln weiter. In der Büchersammlung Wallrafs befanden sich viele Bestände beziehungsweise Teile davon aus den kölnischen und niederrheinischen Ordensniederlassungen. Sie soll mehr als 14.000 gedruckte Werke enthalten haben. Die „Bibliothek Wallraf" bildete gemeinsam mit der Syndikatsbibliothek des Kölner Rates den Grundstock der früheren Stadtbibliothek, die 1920 Teil der neuen Universitäts- und Stadtbibliothek wurde. Dort befindet sich noch immer der größte Teil der Wallraf-Bibliothek. Ebenso im Kölnischen Stadtmuseum und dem Wallraf-Richartz-Museum. Über 500 Handschriften, darunter zwei von Albertus Magnus, gehören zum Handschriftenbestand der Wallraf-Sammlung. Die Handschriften sind Teil des Historischen Archivs der Stadt Köln.

Die ursprüngliche Grabstätte von Ferdinand Franz Wallraf auf dem Friedhof Melaten wurde im Zweiten Weltkrieg zerstört. Auf dem Ehrengrab, das sich heute am Hauptweg des Friedhofs befindet, steht ein Stein, der an zwei Personen erinnert. Neben dem Namen und den Daten zu Wallraf sind die von Johann Heinrich Richartz (1795 bis 1861) verewigt. Dass die beiden an ein und derselben Stelle auftauchen, ist ein wenig seltsam. Denn Wallraf und Richartz sollen sich zu Lebzeiten nie begegnet sein. Aber am ehemaligen Standort des alten Wallraf-Richartz-Museum an der Rechtschule, heute ist dort das Museum für Angewandte Kunst, sitzen die beiden Männer seit über 100 Jahren ebenfalls einträchtig als Bronze-Skulpturen auf ihren Betonsockeln nebeneinander.

- Hermann Weinsberg -

Schreiber
mit Sinn für Humor

Soziale Netzwerke sind bisweilen ein Tummelplatz für Selbstdarsteller. In den Revuen der Eitelkeiten entsprechen die Schilderungen der Ereignisse, die Eigendarstellungen der Verfasser oder die geposteten Fotos nicht immer der Wirklichkeit. Dieses Polieren von Lebensumständen, um sich in ein günstigeres Licht zu stellen, ist keineswegs neu. Ein Meister auf diesem Gebiet lebte zu Beginn des 16. Jahrhunderts in Köln. Hermann von Weinsberg, falsch: Hermann Weinsberg, den Adelstitel hatte er wie etliche Details seiner Familiengeschichte erfunden, war kein Betrüger im engeren Sinn. Er wollte niemandem schaden, er wollte die Herkunft der Weinsbergs und damit die ganze Familiengeschichte lediglich etwas glorioser erscheinen lassen.

Sieht man von diesen Schönheitsflecken ab, hat Weinsberg eine einzigartige Chronik der Alltagsgeschichte Kölns hinterlassen. Das unter dem Sammelbegriff „Buch Weinsberg" bekannte Werk umfasst vier Handschriften und das Kirchmeisterbuch der Gemeinde St. Jakob, das Weinsberg in seiner Funktion als Kirchenvorstand geschrieben hat. Hermann Weinsberg sah sich gar nicht als Stadtchronist oder gar als Historiker und Geschichtsschreiber. Er wollte im Stile eines Geschlechterbuches die Ahnenreihe seiner Familie darstellen, um sie vor dem Vergessen zu bewahren. Das ist ihm gelungen, wenn auch auf eine völlig andere Art und Weise, als er sich das gedacht hatte. Beginnend mit dem Jahr 1555 schrieb er minutiös alles auf, was er für überlieferungswürdig hielt. Die im Tagebuchstil verfassten Notizen, Anekdoten und Geschichten umfassen mehr als 10.000 Seiten. Zur Veröffentlichung waren sie nicht vorgesehen, sie sollten lediglich innerhalb der Familie gelesen und fortgeschrieben werden. Dass sie erhalten geblieben sind und eine wichtige Quelle zur Alltagsgeschichte wurden, verdanken die Geschichts-, Kultur- und Stadthistoriker mehreren Ereignissen. Dazu später.

Wer war dieser eifrige Schreiber? Ohne seine Aufzeichnungen wäre Hermann Weinsberg womöglich aus der öffentlichen Wahrnehmung verschwunden. Er war kein berühmter Mann mit herausragenden Leistungen. Er stammte aus einer Kaufmannsfamilie, seine Eltern betrieben einen Weinhandel. Sein Vater Christian war Ratsherr. Sein Großvater Gottschalk war ein armer Pferdeknecht aus Schwelm im Bergischen Land. Er ging nach Köln und versuchte dort Arbeit zu finden, weil seine Eltern „doch reichlich mit Kindern überfallen waren", wie sein Enkel Hermann später vermerkte. Der „Überfall" bestand aus zwölf Kindern. Eine große Kinderschar war in jener Zeit nichts Ungewöhnliches.

Hermann Weinsberg war der Älteste von elf Geschwistern. Er genoss eine humanistische Schulbildung und studierte zunächst an der Artistenfakultät (aus ihr entstand die Philosophische Fakultät) der Universität zu Köln. Dort lernte er die „sieben freien Künste" Grammatik, Rhetorik, Dialektik, Arithmetik, Geometrie, Musik und Astronomie kennen. Nach dem Magisterabschluss schloss er ein Jurastudium an. In seinem Beruf als Advokat trat er in erster Linie bei Familienangelegenheiten auf. Daneben waren seine Dienste als Schiedsmann geschätzt. Ein ausgesprochener Karrierist war er nicht. Er konnte es sich leisten. Geld kam über Rentenbesitz, das Vermögen zweier wohlhabender Ehefrauen, eine Herberge und den geerbten Weinhandel ins Haus. Außerdem war er wie der Vater Ratsherr. Zum ersten Mal zwischen 1543 und 1552, dann wieder ab 1565. Seine Tätigkeiten ließen ihm genug Zeit, um sich in die Schreibstube zurückzuziehen.

Hermann Weinsberg notierte scheinbar Belangloses. Seine Zeilen unterschieden sich von den offiziellen Überlieferungen jener Zeit, den Ratsprotokollen, Gerichtsakten oder den Aufzeichnungen der Kirchen und Klöster. Zu Papier kam, was er auf der Straße sah und hörte, was in seiner Familie geschah, was am Mittagstisch gesprochen wurde oder was sich bei Festtagen abspielte. Wir erfahren, wer wen wann und sogar warum geheiratet hatte. Wo eine Taufe oder eine Beerdigung stattfand. Wer mit wem fremdgegangen war oder dessen bezichtigt wurde. Munter plauderte der Ratsherr über das Aussehen der Leute, was sie für Kleidung trugen, wie viel Wein sie bestellten, welche Krankheiten umgingen und wie viel die Dinge des Alltags kosteten. Hier und da streute er ein paar Sprichwörter und Lebensweisheiten ein. Geschrieben hat Weinberg in der Ich-Form. Die Sprache bezeichneten seine späteren Übersetzer als ein „wunderliches Gemisch, dessen sich die Ratskanzlei in jeder Zeit" vor allem in den Ratsprotokollen bediente. Hermann Weinsberg schwadronierte über Prozessionen und Hinrichtungen, Karnevalstreiben und Studentenleben, über die Weinlese und über die Pest-Epidemien in Köln: „1518 war in Köln ein schreckliches Sterben, viele Tausende Menschen starben. Als das Sterben Tag für Tag größer wurde, flohen die Leute aus der Stadt, und es war keine Nahrung mehr da." In den Jahren 1530, 1540 und 1554 raffte die Seuche erneut Menschen in großer Zahl dahin. Wer konnte, floh aus der Stadt. 1564 war die Gefahr noch immer nicht gebannt. In dem Jahr verließ auch Hermann Weinsberg Köln für einige Zeit.

Manche Schilderungen lassen einen Schreiber mit Sinn für Humor erkennen. Das zeigt zum Beispiel eine Episode aus der Kindheit. „Anno 1521 zum 1. Januar hat mir die Großmutter aus Dormagen ein blau Röckchen und ein rot Mützchen mit hohen runden Aufschlägen zum neuen Jahr geschenkt. Solche Kleidung habe ich in meiner Kindheit seit dem dritten Jahre getragen, und wie mir meine Mutter erzählte, soll sie mir wohl gestanden haben, denn ich war bereits füllig von Leib und habe gelbe Härlein gehabt. Vielleicht hielt mich meine Mutter, da ich ihr erstes Kind war, für sehr schön, denn einem jeden dünket sein Eulchen ein Täubchen zu sein."

Das autobiografische Werk war als Leitfaden für die kommenden Familienoberhäupter gedacht. Sie sollten in seinem Sinne weiterwirken und vor allem die Chronik weiterschreiben. Da Hermann Weinsberg nur eine uneheliche Tochter, aber keine legitimen Nachkommen hatte – beide Ehen blieben kinderlos – setzte er in seinem Testament seinen Bruder Christian als Alleinerben ein. Wie er zu seinem Kind gekommen ist, beschreibt Weinsberg höchst seltsam. „In jenem Jahr (1545) hat meine Mutter eine Dienstmagd gehabt, hieß Gretchen, eines Schneiders Tochter auf der Bach, der hieß Meister Johann von Olup. Die pflegte mir oft etwas zu essen zu bringen auf die Bach, wo ich wohnte." Offenbar verbrachten die beiden viel Zeit miteinander, verstanden sich gut und dann passierte es. „Da hat denn der Teufel sein Unkraut dazwischengesät, daß wir uns vergesellten und lieb gewannen, wodurch ich in der Folge meine Eltern höchstlich erzürnte und mir viel Unwillen, auch Schande daraus entstund, was ich oft beklagt und beweint habe." Diese Schande für Hermann wurde 1546 geboren und hieß Anna. Später erfahren wir, dass das „Ännchen" ihren Vater sehr fröhlich gemacht hat. Und zwar als sie 1580 von ihren Mitschwestern des Konventes Maria Bethlehem zur Vorsteherin gewählt wurde.

Im Zusammenhang mit dem Testament nahm nach Hermanns Tod eine Tragödie ihren Lauf. Es kam zu heftigen Erbstreitigkeiten innerhalb der Familie. Deshalb trat Christian sechs Wochen nach dem Tod des Bruders vom Erbe zurück und beging wenige Monate später Selbstmord. Der Besitz ging nun an seinen Sohn, der auch Hermann hieß. Der geriet in den Verdacht, aus Habgier seine Tante Sibylle ermordet zu haben. Die Schwester des Autors Weinsberg war eines Morgens tot aus einem Brunnen gezogen worden. Hermann der Jüngere beteuerte seine Unschuld und erklärte, dass „Sibylle verdollt" und verrückt gewesen sei und entweder aus Versehen oder in selbstmörderischer Absicht „in den Pütz" gefallen sei. Hermann kam zunächst frei, wurde aber nach dem Auftauchen neuer Beweise wieder eingesperrt. Er starb 1604 im Gefängnis.

Diesem Prozess ist es zu verdanken, dass die Aufzeichnungen Hermann Weinsbergs die Jahrhunderte überdauert haben. Sie waren im Zuge des Verfahrens als Beweisstücke konfisziert und in den städtischen Asservatenkammern eingelagert worden. Irgendwann gelangten sie ins Kölner Stadtarchiv und warteten 250 Jahre auf ihre Wiederentdeckung. Die dicken Folianten erregten in den 1850er Jahren die Aufmerksamkeit des damaligen Archivleiters Leonard Ennen. Er erkannte den kulturgeschichtlichen Wert der Bücher und begann damit, sie ins Hochdeutsche zu übertragen. Nach seinem Tod setzte sein Nachfolger Konstantin Höhlbaum diese Arbeit fort.

Mittlerweile gibt es eine fünfbändige Edition, die längst noch nicht alle Aufzeichnungen Hermann Weinsbergs wiedergibt. Die Handschriften als Teil der Gerichtsakten werden noch immer im Historischen Archiv der Stadt Köln aufbewahrt. Nach dem Einsturz des Archivgebäudes am 2. März 2009 am Waidmarkt konnten die Aufzeichnungen Weinsbergs aus den Trümmern geborgen werden. An der Rheinischen Friedrich-Wilhelms-Universität Bonn gibt es ein interdisziplinäres Forschungsprojekt mit dem Ziel der „digitalen Erfassung sowie historische und sprachgeschichtliche Auswertung der Aufzeichnungen des Kölner Bürgers Hermann Weinsberg (1518 bis 1597)". Statt der bislang nur lückenhaften und veralteten Teilausgaben soll erstmals eine Gesamtausgabe erstellt werden. Die als Familienchronik gedachten umfangreichen Aufzeichnungen Hermann Weinsbergs sind 500 Jahre nach seiner Geburt auf dem besten Weg, als zentrale Quelle für die Geschichte der Stadt Köln und ihrer Umgebung in der frühen Neuzeit zu neuen Ehren zu gelangen.

Bleibt noch nachzutragen, wie sich der junge Hermann seine familiären Wurzeln zusammenphantasiert hat. In der selbstgestrickten Legende steht ein gewisser Aramondus von Weinsberg an der Spitze der Ahnengalerie. Der wurde zur Zeit Karls des Großen auf einem Hügel, den man Weinsberg nannte, als uneheliches Kind eines Römers und einer Einheimischen ausgesetzt. Der Hügel lag in „der herschaft Brunsau in Beiern". Der Junge wurde rechtzeitig gefunden und offenbar aufgezogen. Denn bei Hermann taucht ein Nachfahre mit Namen Heinrich von Weinsberg auf, den Kaiser Friedrich I. Barbarossa zum Ritter, Freiherren und Erbkämmerer des Reiches crnannte. Dieser Ahnherr soll sogar maßgeblich an der Überführung der Reliquien der Heiligen Drei Könige nach Köln bcteiligt gewesen sein. So ein erfolgreicher Mann hatte natürlich Feinde. 1193 wurde Heinrich von Weinsberg auf Betreiben des Welfenkönigs Heinrich der Löwe ermordet. Die Nachfahren des Gemeuchelten gingen nach Straßburg und Köln. Vertreter dieser Linie waren am Kölner Weberaufstand 1370 beteiligt und wurden nach der blutigen Weberschlacht 1371 aus der Stadt vertrieben. Für keinen der Punkte lassen sich Belege finden. Aber nett gedichtet und hübsch erzählt ist die Geschichte allemal.

– Johann Christoph Winters –

Puppenspieler als „Hidden Champion"

Johann Christoph Winters – Hänneschen-Gründer, 23. November 1772 in Bonn bis 5. August 1862 in Köln

Das Hänneschen-Theater in Köln ist ein Puppentheater mit herausragender Bedeutung. Es besteht seit über 200 Jahren. Gemessen am Zuschaueraufkommen zählt es zu den erfolgreichsten Theatern Deutschlands.

Erfolg hatte bereits der Theatergründer Johann Christoph Winters. Eine nahezu brotlose Kunst war das Puppenspiel allerdings dennoch. Reich wurde Winters durch das Theaterspielen nicht. Das Einzigartige, das das Hänneschen-Theater bis zum heutigen Tag auszeichnet, legte ihm der Gründer bereits in die Wiege. Das Theater verfügte stets über eine feste Spielstätte, wenn auch an wechselnden Orten in Köln. Gespielt wurden Stücke, in die tagesaktuelle Ereignisse einflossen.

Das Hänneschen war von Beginn an ein Stockpuppentheater. Winters und seine Nachfolger erlagen nie der Versuchung auf andere Theaterformen mit Marionetten oder Handpuppen zu wechseln. Ebenso unumstößlich ist die Tatsache, dass die Theaterstücke in Mundart geschrieben und präsentiert werden. Die Sprache im Hänneschen war und ist Kölsch. Das alles macht die „Puppenspiele der Stadt Köln", wie die offizielle Bezeichnung des Theaters lautet, zu einem Haus mit einer starken Tradition.

Als Johann Christoph Winters das Theater 1802 gründete, war es zunächst eine Art Nebenerwerbsbetrieb. Im Sommer arbeitete der Familienvater als Anstreicher, im Winter verlegte er sich aufs Puppenspiel. Gelernt hatte er weder das eine noch das andere. Der

1772 in Bonn geborene Winters war von Beruf Schneidergeselle. Über Kindheit, Schulzeit und Ausbildung des späteren Theaterchefs ist nichts überliefert. Erst ein Wanderbrief aus dem Jahr 1798, ausgestellt in Mainz, bringt uns den Handwerker Johann Christoph Winters etwas näher. Die Urkunde „des Ehrsamen Handwercks der Schneider-Zunfft" beschreibt Winters als „treu, fleißig, still, fridsam und ehrlich". Es gibt zwar keine Abbildung von Winters, aber in dem Gesellenbrief wird seine Statur als „groß auch blondt" bezeichnet. Mit dem Papier im Gepäck ging der 26 Jahre alte Schneider auf Wanderschaft, auf die Walz. Eine seiner Stationen auf dieser Tour durch Deutschland und das angrenzende Ausland war Antwerpen, wo er womöglich das flämische Puppenspiel kennenlernte. Jedenfalls finden sich in der Familienchronik entsprechende Hinweise.

Das nächste gesicherte Datum in seiner Vita ist der 22. Juni 1800. Da heiratete Winters Elisabeth Thierry. Sie war die Tochter eines Kölner Kaufmanns, eines „Spezerey-Händlers". Die Familie soll gut situiert und daher wenig erbaut von der Verbindung der Tochter mit einem armen Schlucker gewesen sein. Im Rheinland herrschten viele Jahrzehnte hindurch wirtschaftlich wenig rosige Zeiten. Ganz gleich, ob die Franzosen (1794 bis 1814) oder danach die Preußen an der Regierung waren. Auch die Auftragslage des Schneiders Winters soll eher mau gewesen sein. Vor allem deswegen soll die Ablehnung in der Thierry-Familie massiv gewesen sein. So sehr, dass Winters Elisabeth aus Köln entführt haben soll. Handfeste Beweise für die Geschichte fehlen indes.

Folgt man der als Familienlegende angelegten und über Generationen weiterverbreiteten Story noch ein wenig, ging es von Köln in Richtung Metz nach Frankreich. Ziel war das Bankhaus Thierry, das einem Onkel von Elisabeth gehörte. Den wollten die Winters anpumpen. Der reiche Mann lehnte das Ansinnen brüsk ab. Eine Nichte, die einen Deutschen geheiratet hatte, bekam nichts. Aber da drehten die beiden Abgewiesenen so richtig auf. Sie zogen mit ihrem „Thepiskarren", einem Theaterwagen, der in eine Guckkastenbühne verwandelt werden konnte, vor das Schloss des Geizkragens. Dort warteten sie, bis sich eine große Zahl Zuschauer ein- gefunden hatte, und beklagten – in französischer Sprache – öffentlich ihr Leid und das Verhalten des hartherzigen Verwandten. Das fanden die Zuhörer empörend und warfen den Gästen vom Rhein zur Unterstützung Geldstücke in den Hut. Wohl so viele, dass es für die Rückreise nach Köln reichte.

Eventuell war auch noch etwas von dem Reichstaler übrig, den ihnen auf dem Hinweg ein berühmt-berüchtigter Zeitgenosse geschenkt hatte. Das Ehepaar war im Hunsrück auf den Hauptmann Schinderhannes und seine Bande gestoßen. Ihre von Armut und Verstoß geprägte Geschichte rührte den Schinderhannes, im Hauptberuf Räuber mit den Spezialgebieten Diebstahl, Erpressung und Raub. Zeitlich könnte es mit der Begegnung hingehauen haben. Schinderhannes, der mit bürgerlichem Namen Johannes Bückler hieß, wurde am 31. Mai 1802 bei Wolfenhausen im Taunus festgenommen. Da waren die Winters wohl wieder in Köln und könnten den finsteren Gesellen vorher getroffen haben. Ist es Wahrheit oder Legende oder eine Mischung aus beidem? Womöglich war die ganze Tour nach Metz nicht real, sondern nur gut erfunden.

In seinem 1928 erschienenen Buch „Das Rheinische Puppenspiel" bezeichnet Carl Niessen nicht nur die oben geschilderten Reiseerlebnisse als „höchst romantische Familiengeschichte". Auch der Karrierestart Winters als Puppenspieler könnte ein Kapitel aus der Kategorie „Dichtung oder Wahrheit" sein. Niessen zitiert als eine Art Initialzündung das unverschämte Verhalten eines gewissen Hofmanns, der in der Nähe des Heumarktes ein Puppentheater eröffnet hatte. Das fand Johann Christoph Winters spannend und wollte eine Vorstellung besuchen. Weil der Saal schon voll war, soll ihn der Theaterleiter „in brutaler Weise" zurückgestoßen haben. Diese Frechheit wollte Winters nicht kommentarlos hinnehmen. Er verließ die Stätte der Zurückweisung mit der Drohung: „Das sollst du bereuen!"

Den Worten ließ er Taten folgen und gründete innerhalb von acht Tagen ein eigenes Theater. Das allein hätte Hofmann, der von dem neuen Konkurrenten wahrscheinlich noch gar nichts ahnte, kaum aus der Fassung gebracht. Sein wirklicher Feind war nicht „groß und blondt", sondern klein und grau. Hofmann hatte seine Puppenköpfe aus Brotteig gemacht und trocknen lassen. Dummerweise lockte das zahlreiche Ratten an, die wenig Kunstverstand, dafür umso mehr

Hunger hatten. Sie fraßen alle Charakterköpfe auf und legten die Bühne lahm. Daraufhin liefen alle Spieler von Hofmann zu Winters über, und das neue Unternehmen konnte loslegen. Auch hier sind Zweifel angebracht, ob es sich tatsächlich so zugetragen hat. Zumal das Theaterchen von Winters kaum ein Auffangbecken für Puppenspieler gewesen sein kann, wenn es die überhaupt in großer Zahl gegeben hat. Außerdem spielte Winters zunächst ohnehin nur während der Wintermonate Theater. Im Sommer verdingte er sich als Tagelöhner und arbeiten als Maler und Anstreicher. Seine Frau Elisabeth, genannt Lisette, unterstützte das Puppenspiel von Beginn an.

Nun war es zu jenen Zeiten keineswegs so, dass jeder ein Gewerbe nach Lust und Neigung ergreifen und ausüben konnte. Man brauchte eine Genehmigung, die jedes Jahr erneuert werden musste. Johann Christoph Winters erbat mit Schreiben vom 30. November 1803 beim „Bürger Maire", dem Bürgermeister, die Erlaubnis, „ein sogenanntes Krippenspiel für Kinder aufzustellen". Aus diesem Gesuch geht auch hervor, dass Winters im Jahr zuvor erstmals eine solche Genehmigung erhalten hatte.

Der Start des „Kölner Hänneschen-Theaters" lässt sich somit verlässlich auf das Jahr 1802 datieren. Offenbar lief der Theaterbetrieb zumindest so gut, dass Winters sich, seine Frau und die drei überlebenden (von insgesamt sechs) Kinder über Wasser halten konnte. Die Erlaubnis zum Puppenspiel wurde ihm von Jahr zu Jahr wieder erteilt. Das deutet darauf hin, dass der gelernte Schneider, wie einst im Wanderbrief bescheinigt, auch als Theatermann „treu, fleißig, still, fridsam und ehrlich" war. Das stellte er in seinen jeweiligen Anträgen an die Obrigkeit auch deutlich heraus. Er schrieb zum Beispiel, bei ihm im Theater gehe es „so still zu, als wäre man in einer Kirche". Rauchen und Zanken gäbe es bei ihm nicht, und die Jugend bekäme „gar keine Anfechtung zur Liderlichkeit".

Wie gut der Ruf des Theaters war und wie etabliert es innerhalb der Stadt war, zeigt unter anderem die Tatsache, dass das Hänneschen 1823 beim ersten Maskenzug (später Rosenmontagszug) nach der Wiederbelebung des Volksfestes mit von der Partie war. Zudem schrieben angesehene Kölner Bürger wie der Kunstsammler Matthias

Joseph de Noël und der Universitätsdirektor Ferdinand Franz Wallraf Stücke für das Hänneschen-Theater.

Über die Jahre musste sich Johann Christoph Winters gegen etliche Konkurrenten zur Wehr setzen, um sich und sein Theater in der ersten Reihe halten zu können. Einer der hartnäckigsten Widersacher war Franz Andreas Millewitsch. In der Schreibweise Millowitsch erwuchs daraus eine bedeutende Kölner Theater- und Schauspiel-Dynastie. Davon konnte bei Franz Andreas keine Rede sein. Er versuchte ab 1847 unermüdlich, aber zunächst vergeblich, ein zweites Puppentheater in Köln zu etablieren. Weil die Verantwortlichen in der Verwaltung ein Theater in Köln für ausreichend hielten, wich Millewitsch mit seinem „Alten concessionierten Puppentheater" nach Deutz aus. Das gehörte damals noch nicht zu Köln.

Ebenso wie Winters war Millewitsch als Puppenspieler Quereinsteiger. Er stammte ursprünglich aus Küstrin und war zunächst Handelsmann und Lohkuchenhändler. Diese Lohkuchen waren kein Gebäck, sondern ein Abfallprodukt, das beim Gerben von Leder anfiel. Die Substanz wurde in Stücke gepresst und als Brennmaterial verwendet. Zum Gerben wurde früher fast ausschließlich Lohe – Baumrinde oder Blätter – eingesetzt. Ab 1849 bezeichnet Millewitsch das Puppenspiel als seine Hauptbeschäftigung. Außerdem trat er als Bauchredner und Ziehharmonika-Spieler auf.

Sein Theater war zu Beginn eher ein Ein-Mann-Unternehmen. Dabei nutzte er geschickt die Infrastruktur am Rhein aus. Es gab zu der Zeit eine hölzerne Schiffsbrücke zwischen Köln und Deutz. Sie ersetzte die ursprüngliche Pontonbrücke und verband in Höhe des Holzmarktes beziehungsweise der Deutzer Freiheit/Siegburger Straße die beiden Orte. Dreimal am Tag musste der Mittelteil der Brücke geöffnet werden, um die Schiffe durchzulassen. Das dauerte jeweils ziemlich lange, so dass sich der Verkehr am Ufer staute. Das machte sich Millewitsch auf der Deutzer Seite zu Nutze. Sobald die Brücke nicht befahrbar war, zauberte er aus seinem Mantel ein paar Puppen hervor und unterhielt die Wartenden mit allerlei Spielchen. Anschließend ging er mit dem Hut rund.

Wirklich gefährlich konnte er Winters so nicht werden, aber es reichte, um ihn zu ärgern. Angeblich soll Winters mit der Einführung der Figur des „Schäl" auch einen Seitenhieb auf Millewitsch im Sinn gehabt haben. Denn der spielte ja in Deutz, auf der „Schäl Sick", die lange Zeit als die weniger ansehnliche und unattraktivere Rheinseite angesehen wurde. Mit den Millowitschs musste sich Winters noch eine ganze Weile herumschlagen. Josef Caspar, der Sohn von Franz Andreas, betrieb ein festes Theater in Köln und ging mit seinem Vater und den Hänneschenpuppen auf Tournee im Rheinland.

In der nächsten Generation brach mit Wilhelm Josef Millowitsch eine neue Ära an. Er ersetzte die Puppen durch echte Schauspieler. Sein Enkel Willy machte das Theater und den Namen Millowitsch vor allem durch seine Fernsehpräsenz bundesweit bekannt.

Johann Christoph Winters zählte als Puppenspieler zu den Pionieren in Köln. Der einzige Vertreter dieser Theater-Gattung war er nicht, aber nur seine Bühne hat überlebt und ist seit über zwei Jahrhunderten ein fester Bestandteil in der Kölner Theaterlandschaft. Winters war erfolgreich, blieb aber arm. Als der einstige Schneidergeselle am 5. August 1862 im Alter von 89 Jahren starb, reichte es nur für eine Beisetzung in einem Armengrab auf dem Melaten-Friedhof. Wo genau sich diese Grabstätte befand, lässt sich nicht mehr exakt feststellen. An der Stelle, wo sie vermutet wird, steht seit 2002 ein Denkmal für Johann Christoph Winters. Geschaffen wurde die Skulptur von dem Steinbildhauer Stefan Kaiser.

Das Denkmal wurde auf Initiative von Wolfgang Oelsner, früherer Direktor der „Johann-Christoph-Winters-Schule", aufgestellt. Bezahlt wurde es mit Spendengeldern. Finanzielle Unterstützung kam auch vom Förderverein der „Freunde des Kölner Hänneschen-Theaters". Die „Schule für Kinder- und Jugendliche mit somatischen und psychischen Erkrankungen" in Köln-Müngersdorf trägt seit 1991 den Namen des Hänneschen-Gründers. An der Außenwand des Theatergebäudes auf dem Eisenmarkt erinnert eine Gedenktafel rechts neben dem Haupteingang an den Hänneschen-Gründer Johann Christoph Winters.

136

Bildnachweis

Der Verlag dankt allen Bildgebern für die Unterstützung dieses Werkes mit aussagekräftigem Bildmaterial. Trotz intensiver Bemühungen war es in Einzelfällen nicht möglich, die Rechteinhaber zu ermitteln. Berechtigte Ansprüche werden selbstverständlich im Rahmen der üblichen Vereinbarungen abgegolten.

Buchumschlag: **Jan von Werth**, Burggraf von Odenkirchen 1643-1652, Gemälde im Pfarrhaus von Neersen, Reprografie: Udo Schmitz, Gemeinfrei (via Wikimedia Commons) / **Sibylle Mertens-Schaaffhausen**, Porträtbild (vor 1857), Gemeinfrei (via Wikimedia Commons) / **Chargesheimer**, Foto: Agathe Hartfeld / **Jean Jülich**, KG Löstige Eins, Köln 2006, Foto: ©Frank Tewes / **Peter Müller** (Müllers Aap), Am Rheinufer mit Ilse Rieger, Privatbesitz / **Jean Löring**, Aufstieg in die Verbandsliga 1964/65, Bildlizenz: ©Cornel Wachter

Julia Agrippina (Agrippina die Jüngere), Büste der Agrippina im Landesmuseum Stuttgart, CC BY-SA 3.0 de (via Wikimedia Commons) + Kölner Rathausfigur, Foto: ©Heike Reinarz

Anno II., Pergamenthandschrift aus dem 12. Jahrhundert, Detail, Gemeinfrei (via Wikimedia Commons) + Kölner Rathausfigur, Foto: ©Frank Tewes

Chargesheimer, Alle Bilder: Agathe Hartfeld

Anton Dumm (Dummse Tünn), Zeitungsauschnitt, EXPRESS, 1970er-Jahre, Privatbesitz

Bernard Henrichs, Regimentsappell Ehrengarde 2004, Foto: ©Frank Tewes + Motiv vom Rosenmontagszug 1998, Foto: ©Frank Tewes

Jan von Werth, Jan-von-Werth-Brunnen Köln 2018, Foto: ©Joachim Badura + W. Herchenbach, Jan van Werth, 1886. Gemeinfrei (via Wikimedia Commons)

Jean Jülich, Alle Bilder: KG Löstige Eins, Köln 2006 und 2007, ©Frank Tewes

Jean Löring, Aufstieg in die Verbandsliga 1964/65, Bildlizenz: ©Cornel Wachter

Sibylle Mertens-Schaaffhausen, Porträtbild (vor 1857), Gemeinfrei (via Wikimedia Commons)

Peter Müller (Müllers Aap), Am Rheinufer mit Ilse Rieger, Privatbesitz + Boxkampf aus den 1960er Jahren, Lizenz: ©kölnprogramm GmbH & Co. KG, Hermann Rheindorf

Horst Muys, Porträtbild aus dem Buch „Un deit d'r Herrjott mich ens rofe", 4. Auflage, Köln 2010, ©Marzellen Verlag GmbH + Der liebe Jung aus Köln / Heimweh nach Köln, Single-Schallplatte, 1960er-Jahre, Privatbesitz

Richmodis von Aducht, Richmodisturm, Foto: ©Joachim Badura

Heinrich Schäfer (Schäfers Nas), Zeitungsauschnitt, EXPRESS, 1970er-Jahre, Privatbesitz + Porträtfoto, 1960er-Jahre, Detail

Johann Adam Schall von Bell in einem Mandaringewand, unbekannter Künstler, 1649, Gemeinfrei (via Wikimedia Commons)

Ludwig Stollwerck, Porträt, Köln 1918, Foto des Gemäldes: Volker Wendeler, Gemeinfrei (via Wikimedia Commons) / Stollwerck-Schriftzug, Ende 19. Jahrhundert

Cornelius Stüssgen, Titelseite Werbebroschüre für Cornelia-Kaffee der Firma Cornelius Stüssgen, Köln 1950er-Jahre, Detail, Privatbesitz

Heilige Ursula, Stefan Lochner, Altar der Stadtpatrone im Kölner Dom (um 1442), Detail, Gemeinfrei (via Wikimedia Commons)

Ferdinand Franz Wallraf, Wallraf-Bronzesitzfigur von Wilhelm Albermann (1900), Köln, Foto: ©Frank Tewes

Hermann Weinsberg, Kölner Rathausfigur, Foto: ©Frank Tewes + Das Buch Weinsberg, „Das Boich Weinsberch", Buchdeckel, 1553, Gemeinfrei (via Wikimedia Commons)

Johann Christoph Winters, Figur auf dem Grabmal, Melatenfriedhof, Foto: ©Frank Tewes + Eingang des Hänneschen-Theaters am Kölner Eisenmarkt, Foto: ©Frank Tewes + Hänneschen-Stockpuppen vor Theatervorhang aus dem Buch „Kommt mit ins Hänneschen", Köln 2017, ©Marzellen Verlag GmbH